노인 액티비티 프로그램의 이론과 실제

인제대학교 고령자라이프리디자인연구소

계축문화사

『노인 액티비티 프로그램의 이론과 실제』

집필자 명단
(가나다 순)

· 양 영 애(인제대학교 의생명공학대학 작업치료학과 교수)

· 김 옥 경(한양대학교 산업경영디자인대학원 미술치료전공 겸임교수)

· 김 용 호(인제대학교 의생명공학대학 임상병리학과 교수)

· 박 경 영(경동대학교 작업치료과 교수)

· 오 영 희(한국보건사회연구원 부연구위원)

· 이 순 화(인제대 음악치료 겸임교수, 순천향대학교 건강과학대학원 외래교수)

· 정 수 호(인제대학교 자연과학대학 사회체육학과 교수)

· 조 문 경(건국대 농축대학원 원예치료학과 외래교수, 해븐리병원 원예치료사)

머 리 말

최근 노인의 문제는 사회의 문제로 부각되고 있다. 노인이 되어서도 건강하고 행복하게 생활하는 것이 우리 모두의 희망이고 바람이지만, 노인을 떠올리면 질병, 치매, 요양 등 긍정적인 요소보다 부정적인 요소가 더 강하게 나타나는 것도 사실이다. 이는 아마도 아프고 병든 노인들을 더 가까이에서 치료하고 보아온 탓이라고도 생각된다.

하지만 궁극적으로 우리들 모두는 기품 있으면서도 우아하고 아름답게 늙어가기를 소원한다. 그래서 노인의 웰니스를 연구하고 노후의 삶을 개척하여 새로운 패러다임을 만들어가고자 인제대학교 고령자라이프리디자인연구소를 개설하게 되었다.

우리는 다학제간 연구를 통하여 노인의 삶을 연구하고 건강을 돕는 여러 가지 다양한 활동을 하나의 책으로 묶어서 출판하고자 한다. 이는 활기찬 노년을 소망하며 긍정적이고 행복한 마음을 갖게 하여 자존감 회복을 돕고자 하는 새로운 시도이며 출발이라 생각한다. 이 책이 널리 활용되기를 소망한다.

"노인 액티비티 프로그램의 이론과 실제"가 완성되기까지 함께 해주신 김용호, 정수호, 이순화, 김옥경, 조문정, 박경영 교수님들에게 깊이 감사하고 출판을 허락해주신 계축문화사 주영일사장님과 김석종편집위원장님 등 관계자 모두에게 고마움을 표한다.

2010년 4월

저자 대표 양 영 애

차 례(Contents)

I. 노인 액티비티 프로그램의 이론적 접근

II. 노인 액티비티 프로그램의 분야별 실제 접근 사례

I. 노인 액티비티 프로그램의 이론적 접근

제1장

노인 Activity 개발의 필요성

제1장 노인 Activity 개발의 필요성

김 용 호(인제대학교 의생명공학대학 임상병리학과 교수)

1. 서 론

우리나라는 노인 인구가 급속하게 증가되고 있는 국가 중의 하나이다. 노인은 장기간의 인생의 여정을 거쳐 황혼기에 이른 사람들로 그간의 여정에서 기쁘고 슬펐던 많은 기억들을 간직한 사람들로 볼 수 있다. 그러나 노인기에 다달으면 소위 가장 흔한 노인성 질환의 하나인 노인성 신경 변성 질환을 대부분의 노인들이 경험하게 되며 심지어 가족까지도 기억하지 못하게 되는 상황에 이르게 되기도 한다. 따라서 노인 건강 문제하면 이러한 노인성 신경 변성 질환의 예방, 개선 및 치료를 떠 올리게 된다. 이러한 질환의 예방은 많은 예에서 비약물적인 요법을 통하여 이루어지며, 비약물적인 요법 중 중요한 분야의 하나가 놀이, 예술 등을 포함한 Activity 분야이다. 노인에게도 어린 시절의 행복하였던, 놀이를 즐겼던 그리고 그때 가지고 놀았던 장난감들은 가장 오랫동안 기억하고 있는 것 중의 하나이며 이러한 경험들은 여러 스트레스에 시달릴 때 다시 힘을 북돋아 줄 수 있는 사진첩과 같이 작용할 수 있고, 퇴화 되어 가는 기억을 끌어오는 매개체로도 사용될 수도 있다. 이와 같이 놀이는 놀이 그 이상의 효과를 발휘 할 수 있게 되고, 놀이를 시작하려면 무엇인가 이미지를 마음속에서 찾는 것으로부터 시작되기 때문에 활발한 두뇌 활용을 필요로 하게 된다. 놀이는 이유가 필요 없이 놀이 그 자체로도 만족감을 부여할 수 있고 또한 내면의 목소리와도 같다. 노인들을 놀이에 몰입하게 하는 가운데 여러 가지 행복하였던 기억을 끌어내고 신체적 운동도 유도하게 된다. 노인들의 건강 유지를 위하여 필요한 지속적인 정신활동, 즐겁게 그리고 꾸준히 신체를 움직이게 하는 것들이 놀이라는 활동을 통하여 가능하며, 노인 Activity 개발의 필요는 단순하게 보면 놀지 못하는 노인들을 놀 수 있는 상태로 변화시키기 위하여 필요한 것이며 이러한 놀이를 통하여 신체적·정신적 변화를 유도하고자 하는 것이다.

1) 노인 인구의 증가

일반적으로 잘 알려진 사실이지만 우리나라 통계청 자료 중의 장래 인구 추계 결과에 따르면 2008년 당시 우리나라 노인 인구 비율은 10.3%이며 2026년에는 20.8%가 될 전망이다. 또한 평균 수명은 2000년 76.0세에서 2020년에는 81.5세로 증가될 것이라고 한다. 우리나라는 OECD 국가 중 가장 빠르게 노인인구가 증가되고 있는 고령 사회 국가 중 하나이다. 우리사회에 고령자는 급속도로 증가되고 있으나 고령자를 위한 제도적인 측면은 이제 막 시작 단계이다. 그러나 현실적으로 고령자들은 고령자를 위한 제도 개선 및 정비를 기다려 주지 않고 계속 증가되고 있다. 이에 대비하기 위한 준비는 우선 노인과 관련된 기관, 시설 및 가정 등을 중심으로 적극적이고 노인에 대한 특성을 이해하고 빠르고 현실적인 대처가 필요하다.

위와 같은 노인에 대한 대처가 지연되면 지연될수록 노화에 동반된 질환, 노인성 질환으로 인한 가정, 사회문제는 더욱 더 심화되어 지게 된다. 이러한 대처 방법 중의 하나가 노인들에 대한 Activity 개발일 것이다. 노인들에 대한 Activity 개발을 위하여 먼저 노인에 대한 신체적, 정신적인 특성 변화를 다소 이해해야 할 필요가 있다.

2) 노인에 대한 이해

"노인"이라는 단어를 언급하게 되면 우선 떠 올리게 되는 상황은 나이가 많다는 생각일 것이다. 노인은 나이 증가에 따라서 신체기능의 저하가 현저하게 된다. 이러한 신체기능 저하 외의 특성은 다음과 같이 요약 될 수 있다.

(1) 노화에 따른 병리학적 변화

① 뇌신경계통의 변화 : 뇌 질량의 감소, 뇌신경 세포수의 감소, 신경세포내의 침착물 형성 및 혈관의 노화 등 주로 형태학적 변화가 주목되고 있다.

② 순화기계통의 변화 : 주로 심장, 혈관의 매개부위에 형태적인 변화가 나타나며 이것이 순화기계통의 기능에 반영되며 관상동맥 경화에 의한 협심증, 심근경색 등을 들 수 있다.

③ 이외에도 비뇨기계통, 호흡기계통, 소화기계통, 조혈기계통 및 내분비계통의 변화도 현저하게 일어나게 된다.

(2) 노화에 따른 생리학적 변화

건망증, 골다공증, 노인성 난청, 노인성 백내장, 노인성 요실금, 체력의 저하 등을 들 수 있으며 이중에서도 건망증은 악성, 양성으로 나누어 볼 수 있다. 악성과 양성 여부는 건망증과 관련된 질병 상태의 유무에 따라서 판단하게 된다. 즉, 뇌혈관성 치매, 알츠하이머성 치매 등의 진행과 수반된 이름 기억력, 기억 상기력 등이 쇠퇴되어가는 악성 건망증과 노인에게 흔히 보일 수 있는 단순한 기억력 감퇴인 양성 건망증으로 분류 할 수 있다.

(3) 노화에 다른 면역학적 변화

노화에 따른 면역계의 변화는 흉선 위축, 림프구수 감소, 자가 항체 증가, 체액성항체 생성력 저하 등을 들 수 있고 이러한 면역학적 변화는 실험동물을 통한 실험에서 밝혀진 바에 따르면 암의 발생빈도, 감염증 및 질병 치유 기간 등이 증가되는 경향을 보인다.

(4) 감각능력의 변화

시각, 청각 및 촉각 등의 약화가 현저하다.

(5) 인지능력의 변화

최근 기억력은 빠르게 감퇴되고 옛날 기억은 비교적 오래 남고, 성인이 되면서 발달된 공간 인지력은 노인이 되면서 다시 감퇴된다.

(6) 사회 심리적 변화

노인이 되면 이제까지 누려왔던 가정, 사회의 위치, 활동 등으로부터 멀어지기 쉬우며

이로 인한 우울증 성향이 증가되기 쉬운 특성이 있다.

2. 노인과 여가활동

1) 노인은 인생의 역할 변환 시기

남성 노인은 대부분 정년퇴직 이후이거나 여성 노인은 직장, 가족에 대한 지원 역할로부터 다소 자유로워지는 시기 일 수 있다. 따라서 남녀 노인 모두 많은 일, 역할로부터 해방감 보다는 갑자기 일이 없어져 친구, 사회 및 가족 등으로부터 소외감이 깊어질 수 있는 시기이기도 하다.

한편 갑작스럽게 고령 사회를 맞이 하게 된 우리나라에서는 노인 시기를 즐겁고 적절하게 보낼 수 있는 일, 취미활동 등에 대한 준비가 거의 다루어져 오지 못하였다. 약 30여년 전부터 고령사회가 시작되었고 준비해 왔던 일본의 경우에도 노인들의 노후 생활에 대하여 일본의 요미우리 신문이 1991년 8월 조사 발표한 자료에 다르면 노인들의 노후 생활에 대하여 떠오르게 하는 것은 모두 선택해보라고 하였을 때 제2의 인생(39.9%), 취미(36.7%), 질병과 죽음(33.8%), 해방감과 여유(26.0%) 그리고 고독감(20.0%)의 순서로 나타나서 대개 노후에 대한 생각은 제2의 인생, 질병 그리고 죽음 등으로 요약되었다. 노후 생활에 대하여 불안감을 느낀 사람들은 응답자의 53.7%이었으며 노후 불안감에 대한 구체적인 내용으로는 건강, 질병(76.1%), 연금·퇴직(35.2%) 그리고 재산문제가 20.8%로서 노인의 노후에 대한 가장 큰 불안 요소는 건강, 질병이었다.

위의 조사 자료는 일본에서 노인 복지에 대한 국가 제도나 개인들의 생각이 구체화 된 후 10여년이 지난 후에 조사된 자료들임을 감안해 볼 때 2008년 7월부터 요양보험, 요양복지제도를 본격적으로 시작하고 있는 우리나라의 입장에서도 앞으로 노인이 될, 된 모든 사람들을 위하여 고려해 보아야 할 조사 자료라고 생각된다.

먼저 결론적으로 생각되는 것은 노인이라 함은 단순한 나이 증가를 의미하게 되지 않고 남은여생에 대한 새로운 일, 학습 및 놀이 등과 같은 새로운 환경 설정이 가족, 사회 및 국가적 측면에서 이루어져야 할 시기이다.

〈표 1-1〉 고령자 개호에 대한 전국 여론 조사

(일본 요미우리 신문, 1991.8)

당신은 '노후'라는 말을 들었을 때 무엇을 생각하게 됩니까?
다음 중 생각나는 것을 모두 고르시오.

• 제 2의 인생	(39.9%)	• 사회적 약자	(39.9%)
• 자식에 의지	(19.8%)	• 고 독 감	(19.8%)
• 취 미	(36.7%)	• 질병, 죽음	(36.7%)
• 해방감, 여유	(26.0%)	• 기 타	(26.0%)
• 은 퇴	(15.3%)	• 무 응 답	(15.3%)

2) 노인을 위한 새로운 환경의 설정

노인을 위한 경제적인 측면은 국가제도, 개인별 준비나 지원에 따라서 다르고 복잡하기 때문에 여기서는 언급하지 않겠으나 요점은 노인 시기를 잘 보내기 위한 자금의 준비가 반드시 필요하고 이는 젊은 시기부터 준비를 필요로 한다. 경제적인 측면을 제외한 중요한 새로운 환경 설정을 필요로 하는 부분은 사회, 가족 문제이다.

남녀 노인 모두 대부분 사회나 가족으로부터의 역할이 바뀌는 55~60세경으로부터 평균 수명을 이용하여 잔여 수명을 계산하여도 15~20년이 된다. 이 기간은 지금까지 바쁘게 살아왔던 시간의 약 $\frac{1}{3}$에 해당된다. 따라서 또 다른 $\frac{1}{3}$의 잔여 인생을 위한 친구를 포함한 가족, 사회에 대한 환경 설정을 필요로 한다. 이러한 환경 설정에는 부모들로부터 분가하여 독립생활을 하고 있는 가족들의 이해와 지원이 필요하고 유사한 생활 패턴을 가진 집단 혹은 노인의 신체적, 심리적 상태가 고려된 봉사 혹은 경제적 수입 활동을 할 수 있는 환경이 요구된다.

3) 노인에 대한 여가, Activity

노인 시기는 준비에 따라서는 인생전반의 어느 시기보다도 여유가 있는 시기라고 볼 수 있다. 이는 다르게 해석하여 보면 여유를 효과적으로 보내지 못하거나 특별히 하는 일 없으면 무료한 시간을 보내게 됨에 따라서 고독감, 소외감, 만성적인 무료함에 빠지기 쉽고 이는 인생에 대한 불평, 불쾌감 등으로 이어질 가능성이 크다.

일본의 경우 고령화를 대비한 제도 개선 및 실시가 본격적으로 이루어진 10여년 후 조사된 자료에 따르면 36.7%가 노후에는 취미가 필요하다고 응답한 바와 같이 여가 시간의 효과적인 이용은 노년기의 적응과 삶의 만족도를 결정하게 되는 중요한 요인이 된다고 볼 수 있다. 특히 노인의 신체적 특성 즉 뇌기능 저하가 현저하게 진행되는 시기이므로 뇌기능 유지를 위하여 지속적인 뇌 자극 활동을 필요로 한다. 따라서 노인들에 대하여는 여가선용이라는 표현보다는 하루, 주중 및 월간 정해진 활동 등을 실천하여 가는 것이 무엇보다도 중요하다. 이러한 활동 중에는 뉴스, 글쓰기, 새로운 정보에의 접속 등을 포함한 지속적인 정신적 활동을 항상 즐겁고 긍정적인 태도로 실천해 가는 것이 무엇보다도 중요하다. 명심해야 할 것은 인간의 장기는 사용하지 않으면 퇴화하게 되며 노인 시기에는 뇌를 포함한 신체적, 생리적인 퇴화가 매우 빠르다는 것이므로 노인에 대한 Activity는 선택이 아닌 생명, 건강 유지를 위한 필수적인 여건으로 계속 진행되어야 한다.

이는 많은 노인들이 노후에 가장 우려하고 있는 건강, 질병 특히 알츠하이머와 같은 노인성 질환의 예방을 위한 프로그램으로도 중요하다.

3. 노인에 대한 액티비티 개발

1) 노인에 대한 액티비티 개발

2005년 한국 보건 사회 연구원에서 발표한 우리나라 전국 노인의 생활 실태 및 복지욕구 조사 결과에 따르면 노인의 여가 활동 실태 중 가장 많은 부분은 가족과 함께(29.8%), 친구와의 만남과 같은 사교 활동(21.7%)이었으며 본격적인 취미활동에 속하는 TV, 신문, 여행, 종교 활동, 바둑·장기두기 등은 3.0~9.5%로 매우 낮았다. 여기서 주목해 보아야 할 사항은 노인 인구의 10% 미만에서만 취미 활동을 통한 여가 선용을 하고 있다는 것이다. 데이빗 엘킨드(David Elkind)는 사람이 행복하고 생산적인 삶을 살아가게 하기 위한 요소로서 사랑, 일 그리고 놀이라고 하였으며 이 3가지는 사람의 일생을 통틀어 인간의 사고와 행동을 강화시키는 선척적인 원동력이라고 하였다. 특히 노년기의 여가활동은 자발적 선택이라고 보기 보다는 어느 정도 강제적으로 부여된 것이다. 따라서 특별히 하는 일 없이 무료하게 시간 보내기는 고독감, 소외감, 만성적 무료함 그리고 인생에 대한 불쾌감 등을 느끼게 할 가능성이 높다.

〈표 1-2〉 치매 예방을 위한 10대 일반 수칙

- 고혈압을 치료해야 합니다.
- 당뇨병을 조절해야 합니다.
- 콜레스테롤을 점검해야 합니다.
- 비만을 줄여야 합니다.
- 심장병을 조기 발견하고 치료하십시오.
- 절대로 담배를 피우지 마십시오.
- 우울증을 치료해야 합니다.
- 적절한 운동을 꾸준히 하십시오.
- 과음은 절대로 금물입니다.
- 즐겁게 할 수 있는 일이나 취미활동을 계속하십시오.

자료 : 치매 바로알기, 서울광역시 치매 센터

노인들의 여가 활동 중 손가락 운동, 청각, 촉각, 언어, 시각 등 오감을 사용하게 됨은 그만큼 뇌를 많이 사용하게 되고 이로 인하여 노인들의 뇌세포 손상을 어느 정도 지연시켜 알츠하이머와 같은 노인성 뇌질환도 예방 할 수 있게 된다.

2) 고령자를 위한 액티비티의 종류

고령자를 위한 Activity는 대상 정도에 따라서 여러 가지로 달라질 수 있지만 일반적으로 풍부한 커뮤니케이션(communication)을 유도하고, 마음을 열며 재활 효과를 유발시킬 수 있어야 한다.

이러한 Activity 종류로는 우선 그룹 활동으로 할 수 있는 것으로는 수공예, 취미 레크리에이션, 원예, 음악, 미술 및 문예적 활동 등을 들 수 있다. 그룹 활동 참여 이외의 개인적 활동으로는 명상, 산책, 독서, 여행 등과 같은 것을 들 수 있다.

개인적인 건강, 활동 가능성에 따라서는 어린아이들의 학습, 놀이 보조 활동, 고령자 및 장애인을 위한 복지지원 활동 등도 의의가 있는 일이다.

이들 중 개인, 그룹 활동을 막론하고 오감을 자극하고 치유적인 효과도 나타낼 수 있는 효과적인 방법으로는 놀이를 들 수 있다. 놀이가 어린아이, 고령자를 막론하고 모든 인간을 위한 기본적이고 필수적인 것이라는 생각은 오래 전부터 있었고 철학자 프리드리히 실러(Friedrich Schiller)는 인간은 놀이를 통하여 자신의 최고의 열망과 이상을 깨닫는다고 하였다. 특히 고령자에게는 여가 시간 활용, 즉 Activity활동 및 효과적 이용이 노년기에 대한 적응과 삶의 만족도를 결정하게 된다고 볼 수 있다.

4. 노년기의 여가활동 참여 효과

Activity에 적극적 참여는 노후 생활의 적응에 긍정적 효과를 보일 수 있고 가족 및 사회 활동 등 위축된 관계를 개선시킬 수 있다. 또한 의미 있는 사회 활동을 통하여 자기 유용감과 자아 개념에 대하여 긍정적인 변화를 통하여 신체적, 정신적 건강을 유지 또는 향상시킬 수 있다. 이외에도 자신에 대한 잠재적 능력을 확인하고 표현할 수 있는 자아실현의 기회를 만들 수 있고 후세에 삶의 지혜, 문화를 전수하고 사회 발전에 기여할 수 있게 되며 삶의 활력을 되찾을 수 있고 삶에 대한 만족도가 증진될 수 있다.

노년기의 바람직한 Activity 개발과 노인성 뇌신경변성 질환에 해당되는 인지증 발현과의 관계를 살펴보면 다음과 같다.

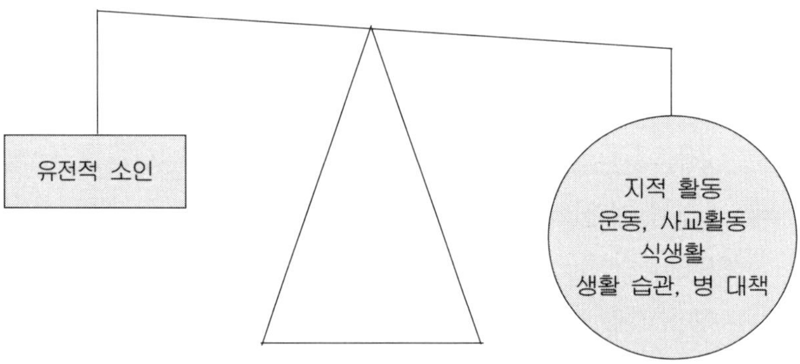

[그림 1-1] 인지증 예방과 유전적 소인과 관계

즉, 그림에 나타난 바와 같은 예방적 활동을 통하여 비록 유전적 소인을 가지고 있다고 하여도 예방이 가능함을 알 수 있다.

여가활동과 인지증 발현율과의 관계를 조사한 자료에 따르면 아무런 활동을 하지 않는 사람을 100%로 가정하면 독서(65%), 퍼즐놀이(59%), 악기연주(31%), 장기·바둑 두기(26%)에 따라서 발현율의 차이를 보였다. 이상의 결과에서 볼 수 있는 바와 같이 여러 가지 지적인 활동은 노인 뇌세포 활성을 유도하여 노인성 질환의 대표적인 인지증을 아무런 활동도 하지 않는 사람에 비하여 70% 이상의 지연시킬 수 있는 효과를 보이고 있다.

다음으로는 운동과 인지증 발현율과의 관계를 보면 다음과 같다.

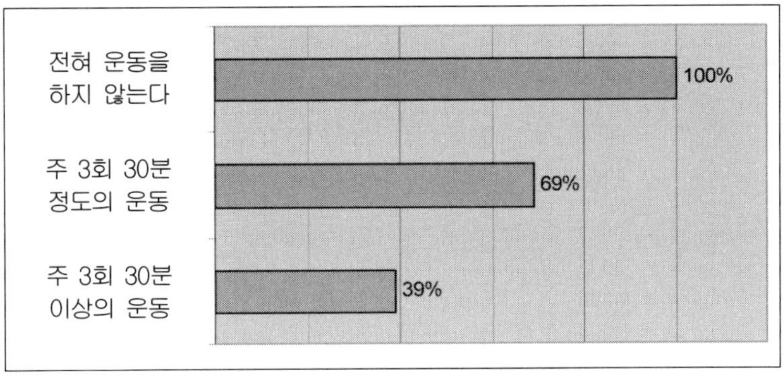

[그림 1-2] 운동과 인지증 발현과의 관계

즉, 주3회 30분 이상 운동을 하는 사람은 전혀 운동을 하지 않는 사람들에 비하여 61% 정도 인지증 발현율을 낮출 수 있다.

또한 신체 활동 정도와 인지증 발현과의 관계를 조사한 자료는 다음과 같다.

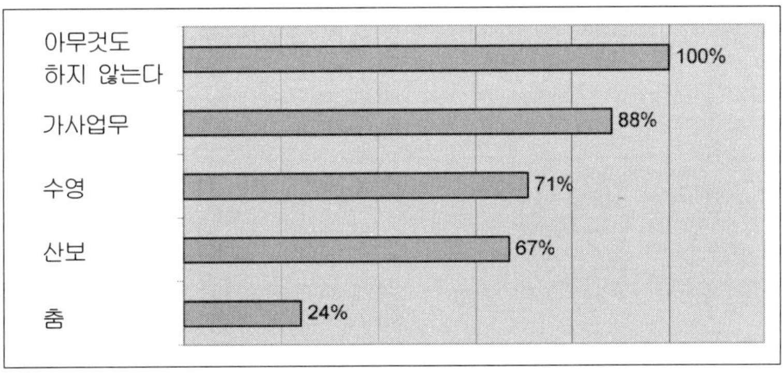

[그림 1-3] 인지증 발현과 활동 정도와의 관계

여기서 주목하고 싶은 신체 활동은 춤활동이다. 춤을 추기 위해서는 음악을 듣고 상대방과 보조를 맞추어야 하고 리듬에 따른 움직임을 머릿속에서 기억하고 있어야 가능하다. 즉, 혼자서 단순하게 처리 가능한 가사 업무에 비하여 청각, 리듬, 커뮤니케이션 등 복합적인 활동을 필요로 하는 춤 활동은 비활동자와 비교하여 64% 이상의 높은 인지증 예방 효과를 유발시킬 수 있다.

결론적으로 고령자의 신체적, 기능적 저하를 예방하기 위하여 적당한 자극, 활동, 식사 및 사람들과의 관계가 중요하다. 놀이 등의 Activity활동은 신체, 정신에 적당한 자극과 운동 그리고 사람들과의 마음을 여는 활동 및 관계 형성에 효과적이다. 장애가 심하거나 인지능력이 많이 떨어진 고령자들에게는 장난감, 놀이 및 친숙한 역할 유도와 같은 Activity를 통하여 행복하였던 기억을 이끌어 내고 뇌를 자극시키는 효과를 통한 치유놀이적 효과를 나타낼 수 있다. 즉, Activity를 통하여 유도된 즐거운 경험을 통하여 자신의 불완전함을 잊을 수 있게 될 때 춤추고 노래할 수 있고 이러한 활동의 반복은 노인성 질환을 치료하거나 개선 효과를 가져 올 수 있다.

참고문헌

치매 바로 알기. (2007). 이동영, 서울시 광역 치매 센터, 서울.

고령 친화용품 및 주택 디자인 개발 세미나. (2007) 인제대학교 고령 친화용품 산업체 전문 인력 양성 센터, 경남.

제1회 노인 Activity 교육 프로그램. (2008). 인제대학교 라이프리 디자인 연구소, 경남.

ボケない 技術. (2007) 奥 村 歩(Okumura Ayumi), 世界え化社, 東京.

놀이의 힘.(2007) 데이빗 엘킨드, 한스미디어, 서울.

제2장

노인 여가활동의 현황과 과제

제2장 노인 여가활동의 현황과 과제

오 영 희(한국보건사회연구원 부연구위원)

1. 노인 여가활동의 이해

1) 고령화 현황과 전망

우리나라의 인구고령화는 선진국에서 유례를 찾아볼 수 없을 정도로 급속히 진행되고 있다. 최근 인구추계에 의하면 2005년 현재 65세 이상 노인인구수는 4,365천명에서 2010년에는 5,354천명, 2020년에는 7,821천명으로 증가될 것으로 전망되고 있다(표 2-1 참조).

〈표 2-1〉 우리나라의 노인인구 변동전망 (단위 : 천명, %)

연도	노인인구수	전체 인구 중 노인 비율	노년부양비
2000	3,395	7.2	10.1
2005	4,365	9.1	12.6
2010	5,354	11.0	15.0
2020	7,821	15.6	21.7
2030	11,899	24.3	37.7

주 : 노년부양비는 생산가능인구(15~64세) 100명에 대한 65세 이상 노인인구수의 비율임.
자료 : 통계청, 「장래인구추계 결과」, 2006. 11.

2000년에 전체인구 중 65세 이상 노인인구 비율이 7%인 고령화사회에 이미 진입하였으며, 2018년 고령사회(14%), 2026년 초고령사회(20%)로 전환될 것으로 예상된다. 고령화사회에서 고령사회로의 진입에 소요되는 시간은 18년으로 세계적으로 고령화가 가장 빠르게 진행되고 있다. 즉, 일본 24년, 미국 73년, 프랑스 115년 등에 비해 훨씬 빠른 인구고령화가 예상된다(표 2-2 참조).

〈표 2-2〉 인구고령화 속도 국제 비교

국가	노인인구 비율 7% (고령화사회) → 14% (고령사회)	소요기간(년)
한국	2000년 → 2018년	18
일본	1970년 → 1994년	24
미국	1942년 → 2015년	73
프랑스	1864년 → 1979년	115

자료 : 통계청, 「세계 및 한국의 인구현황」, 2005.

한편 우리나라 인구구조의 변화를 보면 유소년인구(0~14세) 및 생산가능인구(15~64세)가 급감한데 반해, 65세 이상 노인인구가 급증하여 2020년에는 노인인구가 유소년인구보다 많아지는 '인구역전' 현상이 예상된다.

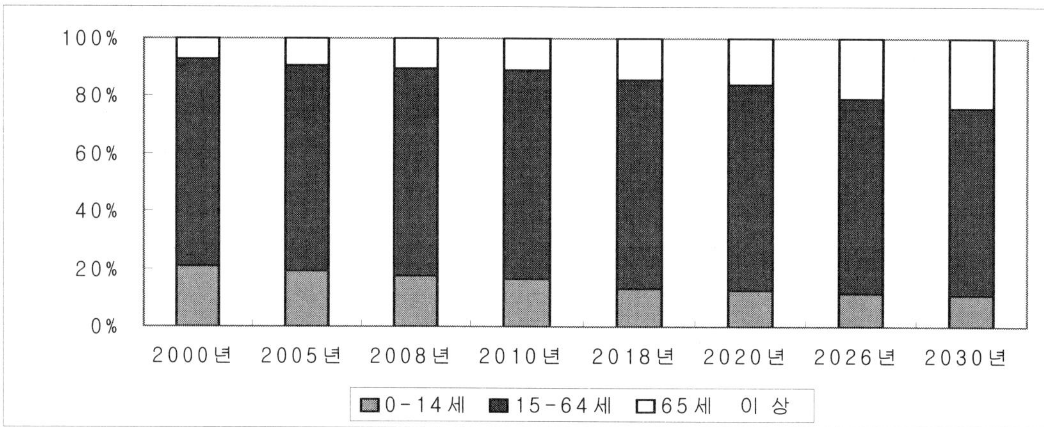

[그림 2-1] 우리나라의 인구구조 변동전망

자료 : 통계청, 「장래인구추계 결과」, 2006. 11.

이상과 같은 인구고령화에 의한 파급 효과로는 우선 노동력 감소 및 노동생산성의 저하이다. 즉, 생산가능인구 감소와 노동력의 고령화로 노동생산성이 저하될 것으로 예상된다. 또한 노동생산성 저하, 저축감소, 소비·투자위축, 재정악화 등으로 경제성장이 둔화되고, 노인의료비 및 연금 등 공적부담의 증가, 세입기반의 약화, 노인관련 재정지출 급증 등으로 인하여 재정수지가 악화될 것이다. 그리고 가족기능 약화 및 가족복지의 국가·사회 공동부담 전환 등 다양한 복지서비스 요구가 폭증하고, 생산가능인구의 노인부양부담 증가, 부담의 적정성·형평성 논란 등 세대간 형평성에 대한 논란의 가능성이 내재되어 있다.

2) 노인 여가활동의 의의

여가는 의무적이고 시간 제약적인 노동과 대비되는 개념으로, 강제성과 의무성이 희박한 선택적 행위이며, 문화적 가치와 위배되지 않는 정서적 자유와 휴식, 즐거움을 추구하는 자유활동으로서 활동자체가 목적인 활동이라고 정의할 수 있다(Kaplan, 1960).

여가의 개념은 시간, 활동의 내용, 활동의 질이라는 세 가지 차원에서 조작적으로 정의할 수 있다(Kelly, 1996). 첫 번째는 시간을 기준으로 하여 생활 총시간(24시간)에서 노동시간, 기본적 욕구 충족에 필요한 생리적 필수시간, 그리고 개인적으로 의미있는 기타 활동에 소요되는 시간을 제외한 나머지의 여가시간을 의미한다. 두 번째는 활동의 내용을 기준으로 한 정의로서 휴식, 기분전환, 사회적 성취 · 개인적 발전을 위한 여가 활동으로 규정한다. 마지막으로 활동의 질을 기준으로 주관적 판단에서 자유롭고 평화로움을 느끼는 활동을 여가활동으로 규정한다(권중돈, 2007, 재인용).

노년기 여가활동의 적극적 참여는 노후생활 적응과정에서 다음과 같은 긍정적인 효과를 기대할 수 있다(권중돈, 2007, 재인용).

① 여가활동에 참여하게 됨으로써 직장동료관계, 가족관계 등의 위축된 사회적 관계망을 보완 · 유지, 확대할 수 있는 기회를 갖게 되므로 고독과 소외감을 경감할 수 있다.

② 여가활동을 통해서 무엇이든 의미있는 활동을 할 수 있는 기회를 마련하게 되므로 무위상태에서 벗어나고 자기유용감과 자아개념이 긍정적으로 변화된다.

③ 직장이나 가정에 대한 책임감으로 인하여 자신의 잠재적 재능을 재확인하고 이를 표현함으로써 자아실현의 기회를 가질 수 있게 된다.

④ 여가활동의 참여를 통하여 신체적 및 정신적 건강을 유지하거나 향상시킬 수 있게 된다.

⑤ 후세대에 삶의 지혜와 문화를 전수하고 더 나아가서는 사회발전에 기여할 수 있는 기회를 갖게 된다.

⑥ 여가활동을 통하여 삶의 활력을 되찾을 수 있으며, 사기(morale)와 삶의 만족도가 높아진다.

⑦ 여가활동에 참여하는 과정에서 자신의 삶을 자율적으로 결정할 수 있는 기술과 능력이 증진되며, 삶에 대한 통제력이 높아지게 된다.

한편 노인의 여가활동의 유형은 여가활동 장소, 사회적 관계 범위, 여가활동 목적 등에 따라 다양한 유형으로 분류될 수 있다(표 2-3 참조).

〈표 2-3〉 노인 여가활동의 유형 구분

구 분	유 형
여가활동 장소 (박재관, 1997)	① 가족중심형 여가활동 : 가족내 활동, 자녀와의 대화 등 ② 가족외 활동 중심형 : 가족 외부에서의 취미, 오락, 학습, 단체활동
사회적 관계 범위 (김태현, 1994)	① 단독충실형 : 혼자서 미술 · 음악감상, 서예, 독서, 사진 등의 활동 ② 우인교제형 : 친구들과 어울려 회식, 대화를 나누고 관혼상제에 적극 참여 ③ 가족충실형 : 가족단위의 외식, 소풍, 집안의 정원 손질 등에 적극 참여 ④ 사회참여형 : 지역봉사활동, 동창회, 친목회, 정치단체 등의 활동 참여
여가활동 목적과 표현적 관여 정도 (최성재 외, 2006)	① 긴장해소활동 : 휴식, 수면 ② 기분전환활동 : TV시청, 독서, 영화, 스포츠 관람 등 ③ 발전적 활동 : 학습, 심미활동, 여행, 사회단체 참여 등 ④ 창의적 활동 : 요리, 집수리, 토의, 창작활동 등 ⑤ 감각쾌락활동 : 게임, 사냥, 운동, 춤 등
여가활동 목적과 관계범위 (모선희, 2004)	① 소일형 : TV시청, 장기, 화투, 바둑, 쇼핑, 차 마시기 등 ② 취미 · 문화 · 운동형 : 수집, 서예, 전시회, 음악회, 등산, 골프, 낚시 등 ③ 우인교류형 : 가족, 친구, 이웃과의 만남이나 방문, 경로당, 노인복지관 ④ 사회단체활동형 : 학습활동, 종교활동, 사회봉사활동 등

3) 노인여가복지시설

우리나라 노인복지법(1981년 제정)에 규정된 사회참여지원 제도는 법령 제23조에 노인의 사회참여 확대를 위하여 노인의 지역봉사 활동기회를 넓히고, 근로능력이 있는 노인에게 일할 기회를 우선적으로 제공하도록 노력하여야 하며, 제36조에 노인여가복지시설은 노인복지관, 경로당, 노인교실, 노인휴양소로 규정하고 있다.

2005년 제정된 저출산 · 고령사회기본법에서는 제14조에 ① 국가 및 지방자치단체는 노후의 여가와 문화활동을 장려하고 이를 위한 기반을 조성하여야 하며, ② 자원봉사 등 노인의 사회활동 참여를 촉진하는 사회적 기반을 조성하도록 규정하고 있다. 또한 동법 제15조에 ① 모든 세대가 평생에 걸쳐 학습하고 능력과 적성에 따라 교육 받을 수 있도록 교육 기회 제공, 교육시설의 설치· 인력의 양성 및 프로그램의 개발 등 필요한 시책을 강구하여야 하며, ② 세대간 정보의 격차를 해소하기 위한 정보화 교육, 프로그램 개발 및 장비 보급 등 필요한 시책을 강구하도록 규정하고 있다.

(1) 경로당

경로당은 지역노인들이 자율적으로 친목도모, 취미활동, 공동작업장 운영 및 각종 정보교환과 기타 여가활동을 할 수 있도록 하는 장소를 제공한다고 규정하고 있다(노인복지법 제36조 제2호). 경로당 이용대상자는 65세 이상의 자이며, 2008년 12월말 전국에 약 57,930개소가 설치되어 있으며, 이는 노인 약 85명당 1개소로 매우 많다. 그러나 많은 시설이 여가서비스 제공을 위한 자체 프로그램이 부족하고, 복지증진을 위한 시설설비의 부족 등으로 단순히 지역사회 노인의 모임의 장소로 활용되고 있는 실정이다.

(2) 노인복지관

노인복지관은 노인의 교양 · 취미생활 및 사회참여활동 등에 대한 각종 정보와 서비스를 제공하고, 건강증진 및 질병예방과 소득보장, 재가복지, 그 밖에 노인의 복지증진에 필요한 서비스를 제공하여야 한다(노인복지법 제36조 제1호). 동법에서 제시하고 있는 시설기준은 연면적 500㎡ 이상이며, 사무실, 식당 및 조리실, 상담실, 강당, 오락실, 화장실, 물리치료실, 비상재해 대비시설, 거실 또는 휴게실 등이 구비되어야 한다. 2008년 당시 전국에 228개소가 설치되어 있다.

노인복지관의 주요사업내용은 기본사업과 선택사업으로 구분된다. 기본사업은 종합복지센터로서의 기능과 역할을 수행하기 위해 기본적으로 제공해야 할 사업으로 평생교육 · 취미여가사업(사회교육사업), 고용지원(노인일자리사업), 기능회복사업, 정서지원사업, 사회참여사업(노인자원봉사활성화사업), 경로당 운영 혁신사업, 노인주거개선 사업, 노인권익증진사업, 가족기능 및 통합지원 사업, 지역사회 개발 및 연계 등이다. 선택사업은 지역 또는 복지관의 특성을 반영하여 개발 · 추진 가능한 사업으로 식사배달사업, 방문보건사업, 목욕서비스 사업, 독거노인 생활지도사 파견사업, 노인 주거개선 사업,

교통안전봉사사업 등이다.

(3) 노인교실

노인교실은 노인들에 대하여 사회활동 참여욕구를 충족시키기 위하여 건전한 취미생활, 노인건강유지, 소득보장, 기타 일상생활과 관련한 학습프로그램을 제공한다(노인복지법 제36조 제3호). 전국적으로 노인교실은 1,260개소(2008년)가 설치되어 있으며, 대한노인회 소속의 노인학교 및 노인대학, 천주교노인대학연합회 및 한국교회노인학교연합회 소속, 노인복지관 및 (종합)사회복지관 운영, 대학부설평생교육원, 지역평생교육원 등이 운영하고 있다. 그러나 노인교실은 표준화된 교과과정이 없는 실정이며, 기관마다 프로그램의 구체적인 내용과 진행방법에 차이가 있다.

4) 정부의 노인여가복지정책

정부의 노인여가복지정책 중 경로당 운영혁신 사업은 지역 경로당이 접근성과 이용면에서 상당한 잠재력을 갖추고 있어 보편적 노인계층이 원하는 다기능 공간으로 전환될 수 있도록 지원체계를 구축하고 있다.

한편 노인복지관 설치 · 운영 지원정책은 노인복지관을 지역사회 노인복지사업의 구심적 조직으로 위상을 강화하고, 다양한 노인복지욕구에 대응하는 종합서비스를 제공하기 위한 사업이다.

(1) 경로당 운영혁신 사업

경로당 운영혁신 사업은 경로당을 지역의 노인복지·정보센터로 기능을 혁신하고, 프로그램 바우처 제공으로 경로당 운영 형태의 변화를 촉진하는 정책이다.

경로당 운영혁신 사업으로 ① 경로당을 지역의 노인복지 · 정보센터로 기능을 혁신하고, ② 건강관리, 운동, 교육, 여가, 자원봉사 등 다양한 프로그램 제공으로 노인이 손쉽게 접근할 수 있는 다기능 공간으로 전환하며, ③ 프로그램 조정, 지원을 담당하는 경로당순회프로그램 관리자의 배치를 확대하고, ④ 경로당을 독거노인 생활교육 실시 장소로 활용하여 지역사회 독거노인 보호기능을 수행할 수 있도록 하며, ⑤ 농어촌의 경우 노인공동생활 공간으로 활용할 수 있도록 지원하고 있다(표 2-4 참조).

프로그램 바우처 제공 사업이란 지역사회서비스 혁신사업과 연계하여 경로당에 운동·건강관리·교육·문화활동 등을 위한 프로그램 운영을 위한 강사료를 바우처로 지급할 수 있도록 지원하고, 경로당 활성화 프로그램 지원사업으로 경로당 운영프로그램이 미흡한 경로당을 선정하여 노인복지관 프로그램과 연계, 자원봉사활동, 공동작업장 운영 등 각종 프로그램을 지원하고 있다.

〈표 2-4〉 경로당활성화 프로그램 내용

분 야	내 용
자원봉사 활동	경로당 이용 노인들을 중심으로 지역사회 청소 및 재활용품 수집, 청소년 안전지킴이 등의 봉사활동 수행
공동작업장 운영	경로당을 중심으로 노인들이 지역특성에 맞는 일거리를 확보하여 공동으로 생산 활동에 참여
노후생활교육	노후생활, 정보통신 등 다양한 교육을 실시함으로써 노인들의 건전한 여가선용 기회 제공
레크레이션 활동	노래교실 등 각종 레크레이션 활동
건강운동 활성화	노인들의 신체적·정서적 건강 유지 및 증진을 위한 건강운동 프로그램 지원
노인복지관 연계 프로그램 운영	노인복지관을 경로당과 연계시켜 경로당 이용 노인들에게 필요한 건강관리, 사회활동서비스, 교양·오락프로그램, 경로당 개·보수 등 환경개선 사업 등을 수행
기 타	지역특성에 알맞는 각종 활동

자료 : 보건복지가족부, 『2009년 노인보건복지사업 안내』, 2009.

(2) 노인복지관 설치 · 운영 지원

노인종합복지센터 역할을 수행하는 노인복지관이 없는 기초자치단체(시·군·구)의 경우 최소 1개소 이상의 노인복지관을 건립하는 것을 원칙으로 정부에서 지원하고 있다.

노인복지관의 운영 목표는 노인의 교양·취미생활 및 사회참여활동 등에 대한 각종 정보와 서비스를 제공하고, 건강증진 및 질병예방과 소득보장·재가복지 그 밖에 노인의 복지증진에 필요한 서비스를 제공하는 것이다(노인복지법 제36조).

노인복지관의 주요사업은 종합복지센터로서의 기능과 역할을 수행하기 위해 기본적으로 제공해야 할 기본사업과 지역 또는 복지관의 특성을 반영하여 개발·추진 가능한 사업 선택사업으로 구분된다(표 2-5 참조).

〈표 2-5〉 노인복지관 사업별 세부 프로그램 내용

대상	사 업		세부 프로그램
노인	평생교육지원		한글교실, 외국어교실, 교양교실, 정보화교육, 역사교실 등
	취미여가지원		음악(노래교실, 민요·풍물교실, 댄스교실 등), 미술(서예, 수공예, 풍선아트), 원예, 다도교실, 연극, 레크리에이션, 운동, 바둑·장기, 당구·탁구 등
	고용지원		노인일자리사업, 고령자취업알선, 취업자 사후관리, 공동작업장, 은퇴준비교육 등
	소득지원		후원금 연결, 은퇴 후 경제생활 적응, 경제교육 등
	건강생활지원	건강증진지원	건강교육, 건강상담, 건강교실(건강체조, 기체조, 요가 등), 독거노인지원사업(기존 재가사업), 이미용, 특수 목욕, 노인건강운동 등
		급식지원	경로식당(중식서비스), 밑반찬·도시락배달, 푸드뱅크 등
		기능회복지원	물리치료, 양·한방진료, 작업치료, 운동재활, ADL훈련 등
		요양서비스	치매·중풍환자 프로그램, 주간·야간·단기보호, 그룹홈, 장제서비스 등
	정서생활지원		접수상담, 노인문제상담, 복지정보 및 상담, 전문상담(경제, 법률, 성 등), 종교행사, 죽음준비교육 등
	사회참여지원		노인자원봉사 활성화 사업, 지역 봉사활동, 교통안전봉사, 동아리·클럽 활동지원, 교통편의서비스 등
	경로당혁신프로그램		경로당활성화사업, 경로당임원리더십강화사업, 경로당주거환경개선사업 등
	주거지원		주택수리사업, 주거환경 개선사업(도배 등) 등
가족	가족기능지원		가정봉사원파견, 방문간호, 돌보미바우처, 독거노인생활지도사 파견사업 등
	가족통합지원		가족상담, 가족관계프로그램, 가족캠프, 세대통합프로그램 등
지역사회	지역자원개발		자원봉사자 발굴·관리, 후원자 개발, 외부 재정지원기관 사업수탁 등
	지역복지연계		지역복지기관 연계, 지역협력사업(경로행사, 나들이 등) 등
	노인권익증진사업		정책건의, 노인인권 옹호, 노인인식개선사업, 편의시설 설치 등
노인복지관 조직	운영관리		인사관리, 재정관리, 시설관리 등
	사업관리		프로그램개발, 실행, 점검, 평가, 보완 등
	연구개발		사업기획, 조사연구, 실습지도, 출판, 홍보, 자문(운영)위원회 등

자료 : 보건복지가족부, 『2009년 노인보건복지사업 안내』, 2009.

(3) 노인자원봉사 활성화

노인의 경륜을 사회에 재투자할 수 있도록 노인자원봉사를 활성화하여 노인의 적극적 사회참여 및 노인의 인적자원 활용을 극대화하기 위한 정책이다.

전문 노인자원봉사 프로그램 지원으로 노인에게 적합한 새로운 봉사활동을 개발하여 사회참여 기회를 확대하고 노인의 지식, 경험, 기술을 지역내 사회복지 자원으로 유도한다. 또한 전국 노인자원봉사 대축제를 개최하여 사회발전에 봉사하는 적극적이고 활동적인 노인상을 제시하고, 노인자원봉사자의 자긍심 고취 및 노인자원봉사 활성화 계기를 마련하고 있다.

2. 노인 생활실태 및 여가활동 참여실태[1)]

1) 노인 생활실태

(1) 노인가구 형태

전체일반가구 중 65세 이상 노인이 1명 이상 거주하는 노인가구가 26.4%이다. 노인가구 중 노인 혼자 살고 있는 노인독신가구는 전체 노인가구 중 24.6%, 노인부부만 살고

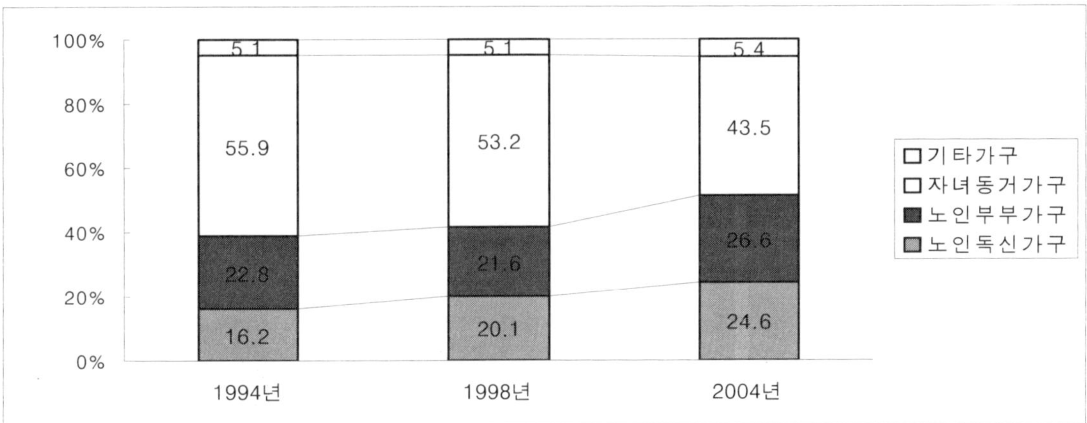

[그림 2-2] 노인의 가구형태의 변화

1) 한국보건사회연구원에서 실시한 『2004년도 전국 노인생활실태 및 복지욕구조사』의 결과를 재정리 하였음.

있는 노인부부가구는 26.6%, 자녀와 동거중인 노인가구는 43.5%, 기타가구 5.4%이다. 특히 노인가구 중 노인단독가구(노인독신 또는 노인부부)는 도시지역이 46.6%인데 비하여 농촌지역은 61.3%로 매우 높다.

노인가구형태의 변화를 보면 1994년 이후 자녀동거 노인가구는 감소추세이고 노인독신가구와 노인부부가구는 증가하고 있으므로, 이들 노인단독가구에 대한 사회적 관심과 서비스의 개발이 필요한 실정이다.

(2) 노인의 경제상태

노인의 소득원을 살펴보면 근로 및 사업·부업소득을 갖고 있는 노인 비율은 27.8%, 자산소득을 갖고 있는 노인은 12.5%, 공적연금 13.9%, 경로연금 12.8%, 사적이전소득을

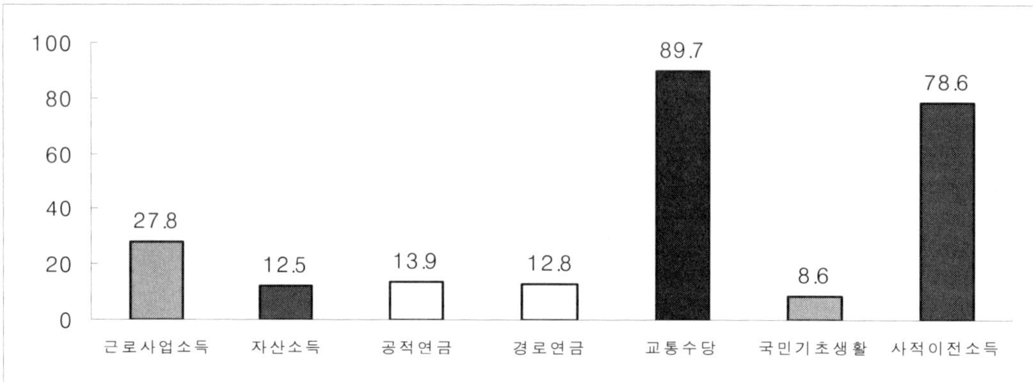

[그림 2-3] 노인의 소득원별 비율 (단위 : %)

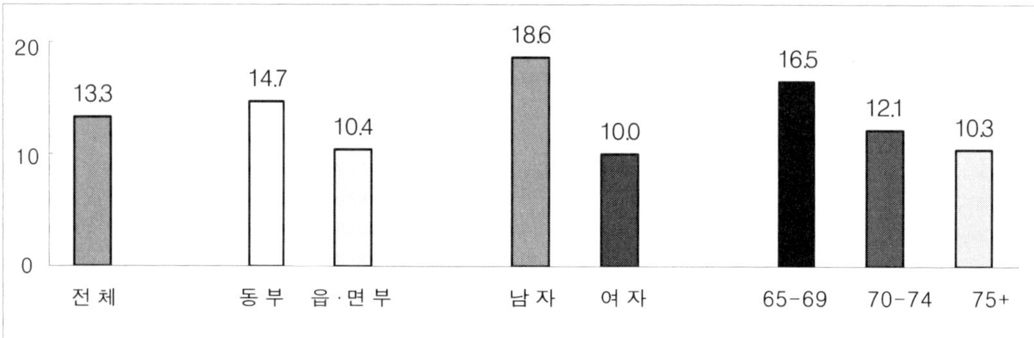

[그림 2-4] 노인의 용돈수준 (단위 : 만원)

갖고 있는 경우는 전체 노인의 78.6%로 나타났다. 이는 노인의 경제생활에 있어 공적인 제도보다는 사적부양이 아직도 중요한 역할을 하는 의존적인 형태를 보여준다.

한편 노인의 월평균 용돈수준은 13만 3천원 수준이며, 도시지역, 남자, 연령이 낮을수록 용돈수준이 높았다. 이는 노인의 경제수준이 매우 다양함을 보여주는 것으로, 도시지역에 비하여 농촌지역의 노인이, 전기 노인에 비하여 후기 노인이, 남자 노인에 비하여 여자 노인이 경제수준이 낮고 경제적 자율성이 낮다는 것을 알 수 있다.

(3) 노인의 취업상태

노인의 30.8%가 수입이 되는 일을 하고 있으며, 취업노인들이 가장 많이 종사하고 있는 직종은 농·어·축산업으로 취업노인의 53.9%이며, 27.8%가 단순노무에 종사하고 있

〈표 2-6〉 노인의 취업률 (단위 : %)

구분	전체	지역		성		1998년	1994년
		동부	읍·면부	남자	여자		
취업중	30.8	21.5	50.1	41.8	23.8	29.0	28.5
비취업	69.2	78.5	49.9	58.2	76.2	71.0	71.5
계 (명)	100.0 (3,029)	100.0 (2,052)	100.0 (977)	100.0 (1,172)	100.0 (1,858)	100.0 (2,371)	100.0 (1,371)

〈표 2-7〉 취업노인의 종사 직종 (단위 : %)

구분	전체	지역		성		1998년
		동부	읍·면부	남자	여자	
고위임직원·관리자	1.8	3.2	0.6	3.5	-	2.0
전문가	1.3	1.8	0.6	2.0	0.2	1.9
기술공·준전문가	1.1	1.4	0.8	1.8	0.2	1.1
사무종사자	0.7	1.1	0.2	0.8	0.5	1.2
서비스종사자	3.4	5.4	1.6	1.6	5.4	8.8
판매종사자	5.4	7.7	3.5	4.3	6.6	-
농·어·축산업 종사자	53.9	30.2	75.4	54.9	52.8	60.4
기능원·관련기능종사자	1.9	3.2	0.8	3.5	0.2	2.7
기계, 기계조작 및 조립종사자	2.7	5.0	0.8	4.7	0.5	0.4
단순노무종사자	27.8	41.2	15.6	22.7	33.6	21.5
계 (명)	100.0 (931)	100.0 (444)	100.0 (488)	100.0 (488)	100.0 (441)	100.0 (685)

다. 현재 노인취업률은 도시지역에 비해 농촌지역이 높으며, 여자에 비해 남자의 취업률이 높다(표 2-6 참조).

1998년도 조사(29.0%)와 비교하여 보면 취업률은 비슷한 수준이다. 취업노인의 종사직종은 농·어·축산업과 단순노무직 종사자의 비율이 여전히 높았다(표 2-7 참조). 한편 현재 비취업노인 중에서 17.5%가 일하기를 희망하고 있고, 연령이 젊고 교육수준이 높을수록 그러한 욕구가 높아 그들을 위한 맞춤식 취업서비스가 필요한 실정이다.

(4) 노인의 건강상태

노인 본인이 인지한 만성질병상태는 90.9%가 만성질병을 한 가지 이상 앓고 있으며, 주요 만성질환종류별 유병률은 관절염(43.1%)이 가장 높으며, 그 다음은 고혈압(40.8%), 요통·좌골통(30.6%), 신경통(22.1%), 골다공증(18.9%), 백내장(18.1%) 등의 순으로 나타났다.

한편 노인의 기능상태 제한율을 보면 기본적 일상생활수행능력(12개 항목) 8.2%, 수단적 일상생활수행능력(10개 항목) 22.2%, 인지기능(9개 항목) 18.5%, 문제행동(22개 항목) 8.4%, 간호처치(11개 항목) 7.2%, 마비·구축(10개 항목) 38.9% 등이다.

그리고 청력은 50.0%, 씹기는 12.1%, 시력은 31.7%가 매우 좋거나 좋은 편이라고 응답하였다.

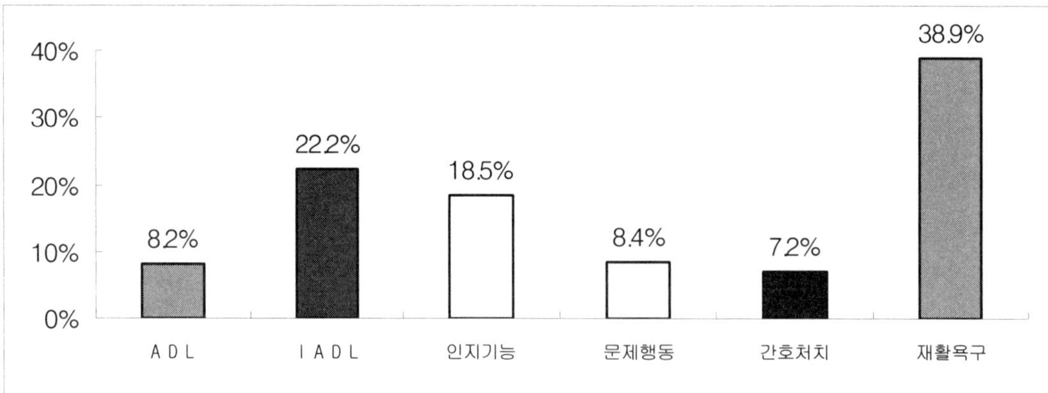

[그림 2-5] 노인의 기능상태분야별 1개 이상 제한이 있는 노인 비율

2) 노인의 여가활동 참여실태

노인이 가장 즐거움(보람)을 느꼈던 활동으로는 가족과 함께 하는 일이 29.8%로 가장 많으며, 그 다음이 친구 만남·친가방문·동호인모임 등 사교활동으로 21.7%이며, TV시청·라디오청취·신문보기가 9.5%, 관광·등산·낚시·답사 등의 여행이 5.8%, 종교활동 5.1%, 바둑·장기·화투 등 3.0%, 자녀 및 손자녀 양육이 3.0% 등으로 적극적 여가활동을 실천하지 못하고 있음을 알 수 있다. 연장된 노년기를 활기차고 풍요로운 삶을 느낄 수 있도록 전환시키기 위한 다양한 프로그램의 개발이 요구된다.

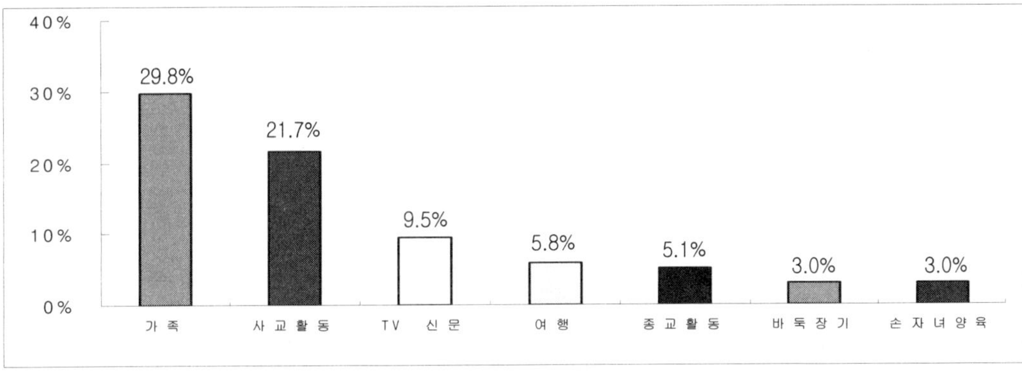

[그림 2-6] 노인의 가장 즐거움을 느꼈던 활동

한편 통계청(2007)자료에 의하면, 65세 이상 노인의 경우 주말이나 휴일의 주된 여가활용방법으로는 TV 및 비디오 시청이 59.3%로 가장 많고, 휴식 45.0%, 가사일 31.2%, 사교관련 모임 20.2%, 종교활동 19.1% 등의 순으로 나타났다.

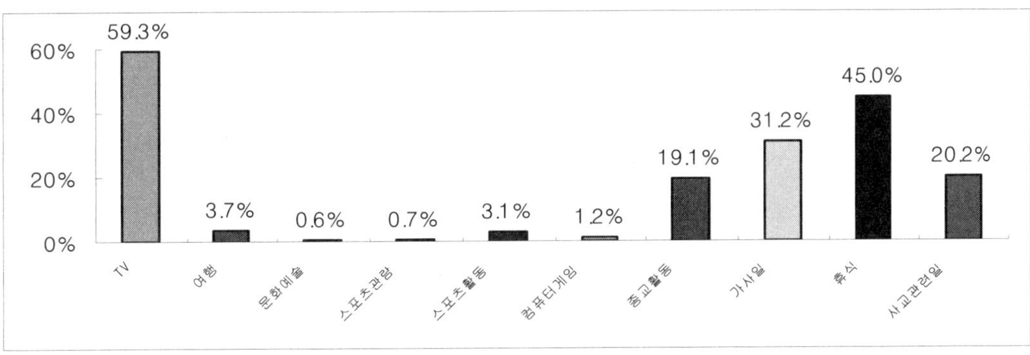

[그림 2-7] 노인의 주말이나 휴일의 여가활용

자료 : 통계청, 『2007 고령자 통계』, 2007.

노인의 사회단체 참가율을 보면 47.9%가 종교단체에 가입하고 있으며, 사교단체에는 35.5%, 운동단체 3.9%, 정치단체 2.1%, 문화활동단체 0.9%의 가입률을 보이고 있어, 사회단체활동은 대부분 종교단체와 사교단체에 참가하여 활동하고 있음을 알 수 있다. 이는 여가를 즐기는 생활이 정착될 수 있는 관련 프로그램의 개발이 요구된다고 하겠다.

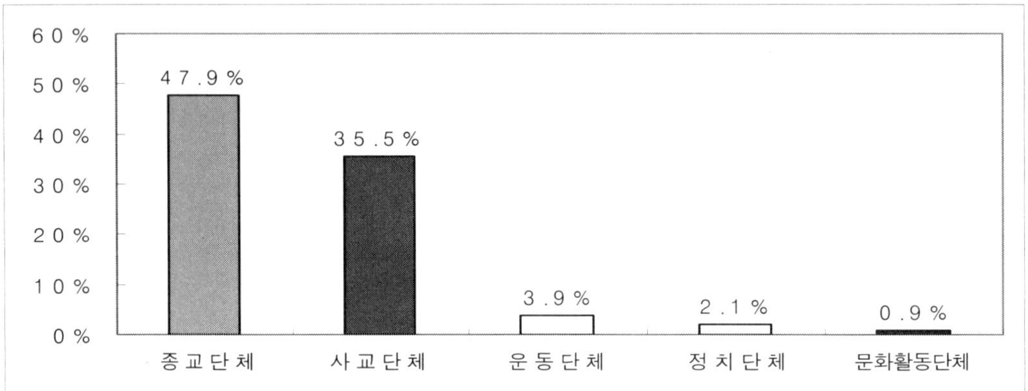

[그림 2-8] 노인의 사회단체 참가율

정규학교 교육과정 이외의 학습교육(평생교육프로그램)에 노인의 4.8%가 현재 참여하고 있으며, 8.1%는 과거 참여 경험이 있다고 응답하였다. 그러나 향후 평생교육프로그램 참여 희망 노인은 19.9%이며, 참여 희망 프로그램으로는 여가·취미 활동이 70.9%로 가장 높으며, 기초학습 13.4%, 외국어학습 6.4% 등이다.

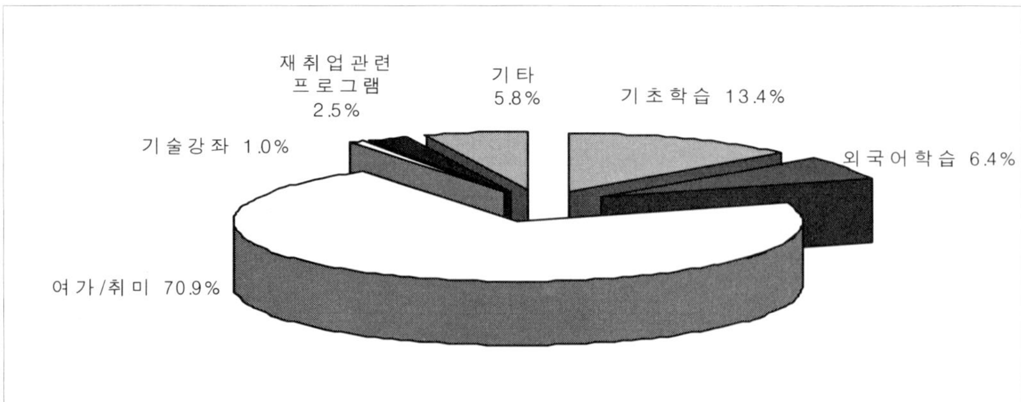

[그림 2-9] 향후 참여하고 싶은 평생교육프로그램 종류

노인여가복지 시설종류별 인지율은 경로당이 99.3%로 가장 높으며, 노인의 34.4%가 현재 경로당을 이용하고 있으며, 향후 이용희망률도 47.2%로 높게 나타나고 있다. 반면 노인복지관 및 노인교실의 현재 이용률은 5% 이하이지만 향후 이용희망률은 20% 이상으로 나타났다.

〈표 2-8〉 노인여가복지시설 인지률 및 이용률, 향후 이용희망률

(단위 : %)

구분	인지율	이용경험 있음	현재 이용중	이용희망율
노인복지(회)관	83.9	9.8	4.8	25.5
경로당	99.3	15.4	34.4	47.2
노인교실 (노인대학, 노인학교)	90.8	8.7	3.9	22.1

마지막으로 55~64세 장년층과 65세 이상 노년층의 노후생활 희망형태를 비교하여 보면, 현재 노인층은 노후를 보내고 싶은 형태로서 '아무것도 하지 않는다'의 응답이 높은 반면, 55~64세의 장년층에서는 소득창출(43.9%), 취미활동(22.7%) 등의 적극적 여가활동을 희망하고 있다. 따라서 현 노인층과 가까운 시일내에 노인층이 희망하는 노후형태에는 차이가 있으며, 노인여가 활동지원 대책은 이에 적극 대비할 필요가 있다.

〈표 2-9〉 장년층과 노년층의 노후생활 희망형태

(단위 : %)

구분	아무것도 하지 않음	취미 활동	자아 개발 활동	자원 봉사	종교	소득 창출	가사/ 손자 양육	기타	계(명)
55~64세	10.1	22.7	2.3	8.7	10.7	43.9	0.4	1.2	100.0 (1,393)
65~74세	24.6	17.6	2.4	4.2	11.5	36.9	0.2	2.6	100.0 (1,095)
75세 이상	51.0	11.1	2.2	2.2	14.7	17.1	0.3	1.3	100.0 (406)

3. 노인의 여가활동 활성화 방안

1) 노년기 여가문화의 정립

노인을 '비생산적'으로 간주하는 부정적인 태도에서 벗어나 노인에 대한 긍정적 이미지를 제고하여 활동적인 노년상이 정립되어야 한다. 즉, 노인에 대하여 자신이 갖고 있는 경륜과 능력을 발휘하며 사회에 기여할 수 있는 존재로 인식하고, 노인의 경제적·사회적 기여를 증진할 수 있는 정책방안이 마련되어야 한다. 이를 통하여 건강하고 활력있는 고령화와 모든 세대가 함께 살아가는 사회통합적인 사회의 실현이 가능할 것이다.

한편 지금까지의 사회는 연령에 따라서 교육, 노동, 여가의 시기가 결정되는 연령차별적 사회였다. 즉, 노동을 준비하기 위한 교육의 단계인 청소년기, 노동의 시기인 중년기, 그리고 은퇴 후 사회로부터 분리되어 여가를 즐기는 노년기로 구분되어 모든 정책과 제도가 연령별로 마련되어 있는 연령 분리적인 사회였다. 그러나 교육, 노동, 여가가 전 생애에 걸쳐 균형 있게 시행되고 개인의 욕구에 따라 자유롭게 이 세 가지 요소를 선택할 수 있는 연령통합적 사회로의 전환이 필요하다. 특히, 여가문화를 통하여 자신의 생각과 감정을 표현하고, 타인과 소통하는 기회를 누리게 함으로써 자신들의 유용성을 느낄 수 있고, 사회공동체성이 강화될 수 있을 것이다.

또한 사회의 발전과 더불어 노인 교육수준, 경제상태, 건강상태 등 제특성이 변화하여 높은 수준의 욕구 충족에 대한 요구가 증대되고 있다. 따라서 생존의 욕구 충족에 초점을 둔 정책에서 자존의 욕구, 자아실현의 욕구 증대와 같은 삶의 질 향상에의 욕구 충족에 초점을 두는 정책개발이 요구된다.

노인 스스로가 여가활동을 즐기는 것이 본인에게 필요하다는 것을 인식하고 이를 통해서 자신의 생활이 보다 풍요로워질 수 있다는 이해가 필요하다. 따라서 노년기 여가활동의 중요성, 여가활용방법 등에 대한 교육을 실시하여 여가에 대한 인식을 개선하고 여가활동 참여 의지와 능력을 제고할 필요가 있다.

노인의 문화활동 접근성 제고 방안으로는 지역단위별로 문화기관, 사회복지시설, 주민자치센터, 대학 평생교육원 등이 공동으로 참여하는 협력체계를 구축하고, 여가문화시설과 프로그램, 인력, 문화교육 교재 등 총괄된 정보망을 구축하여야 한다. 또한 공공문화시설에서 노인 대상 문화예술프로그램이 개발·운영되어야 하고, 노인뿐만 아니라 노인을 포함한 가족이 함께 즐길 수 있는 다양하고 테마 있는 문화 프로그램의 개발, 그리고 노인세대의 사회문화를 재조명하여 노인과 젊은 세대가 공감할 수 있는 프로그램이 개발되어야 한다.

2) 성공적인 노후를 위한 평생학습문화의 정착

고령사회로의 진전에 따라 증가하는 고령자층의 교육욕구에 효과적으로 대응하기 위한 제도적 지원책이 요구된다. 즉, 노인특성에 맞는 교과과정개발과 운영을 지원하기 위해서는 노후준비와 노년기 생활에 유용한 표준화된 교육과정이 마련되고, 지역사회 노인복지회관 또는 사회복지관 등 지역복지관에서의 노인학습권 강화를 위한 환경조성에 필요한 인적·물적 자원의 지원 정책이 필요하다.

또한 평생교육에 대한 욕구의 증가에 따라 대학이 교육서비스 대상으로서 대학생뿐만 아니라 성인들도 적극적으로 포함하는 프로그램의 개발이 요구되는 등 고령자층을 위한 평생교육 기반 구축이 요구된다. 고령자의 다양한 욕구를 충족시킬 수 있도록 특성화된 교육프로그램을 개발하고, 노인교육담당자의 전문성 향상을 위해서 대학 부설 평생교육원의 노인교육지도자 양성과정에 대한 지원이 확대 되어야 할 것이다. 즉, 노인의 재취업촉진을 위한 직업교육 프로그램, 고학력 노인들을 위한 인적자원 개발 프로그램, 그리고 지식정보사회의 진전에 따른 정보격차해소를 위한 프로그램 등이 개발되어야 한다.

한편 세대간 이해를 증진하고 갈등을 해소하기 위해서는 한 장소에서 여러세대(아동 성인, 노인)가 동시에 교육을 주고받을 수 있는 세대공동체 교육프로그램 개발도 요구된다.

3) 자원봉사활동 활성화 지원

자원봉사활동에 대한 인식 부족을 개선하고 참여 의식을 제고하여 노인자원봉사활동을 촉진하기 위해서는 평생교육프로그램에서 자원봉사활동에 대한 훈련 및 보완교육을 제공하고, 평생교육프로그램에서 습득한 지식과 기술이 자원봉사활동으로 이어질 수 있도록 연계되어야 할 것이다. 이는 노인이 사회에서 분리된 객체가 아니라 주체적인 사회성원으로 역할을 부여하여 가족, 세대 그리고 사회에서 중재자 역할을 담당할 수 있을 것이다.

또한 지역사회 자원봉사활동프로그램의 개발 뿐 아니라 지역사회 복지자원과 연계하여 자원봉사활동프로그램이 개발되어야 한다. 즉, 고령사회지도자 과정 개발, 건강관리

요원 확충, 경로당 활성화, 노인요양서비스 자원봉사자 등에 대한 프로그램 개발이 이루어져야 할 것이다.

일반적으로 노인은 적극적·창의적 여가활동 참여수준이 매우 저조하지만, 노인인구의 양적 증가와 질적 향상에 따라 욕구가 다양화하고, 젊은 노인층일수록 노후를 활기차게 보내기를 희망하는 욕구가 더욱 강하게 나타나고 있다. 따라서 노인이 자신의 시간을 적극적으로 활용하고, 사회적으로 유용한 자원으로 활동함으로써 노인의 생활만족도와 삶의 질을 향상시킬 수 있는 바람직한 노년문화 정립을 위한 정책적 지원이 요구된다. 이를 위해서 적극적 여가활동을 위한 다양한 프로그램 개발, 여가문화시설의 확충 및 지역별 형평성 제고, 평생교육프로그램의 개발 및 운영, 그리고 자원봉사활동이 활성화 되어야 할 것이다.

참고문헌

권중돈, 『노인복지론』(제2판), 학지사, 2007.

김태현, 『노년학』, 교문사, 1994.

모선희, 「고령화사회와 노인여가활동」, 『2004년 노인복지사 양성교재』, 대전보건대학 평생교육원, 236-253, 2004.

박재관, 「노년기 여가생활의 실태와 정책과제」, 『노인복지정책연구』, 2(2), 7-51, 1997.

보건복지가족부, 『2009년 노인 복지시설 현황』, 2009.

보건복지가족부, 『2009년 노인보건복지사업 안내』, 2009.

오영희 · 정경희 · 변재관 · 이윤경, 『노인복지회관 관리운영실태 및 개선방안』, 한국보건사회연구원, 2002.

오영희 · 정경희 · 이윤경, 『경로당 실태 및 지원방안 연구』, 한국보건사회연구원 · 보건복지부, 2005.

오영희 · 석재은 · 권중돈 · 김정석 · 박영란 · 임정기, 『노인의 삶의 질 향상을 위한 정책방안 연구』, 한국보건사회연구원, 2005.

오영희, 「고령사회의 사회통합적 여가활성화 방안」, 『보건복지포럼』 제113호, 한국보건사회연구원, 2006. 3.

정경희 · 이윤경 · 오영희 · 김상철 · 노명우 · 박신영 · 설재훈 · 방효정, 『고령화수준에 따른 고령친화적 지역사회발전모델 개발』, 한국보건사회연구원 · 보건복지부, 2006.

최성재 · 장인협, 『노인복지학(제2개정판)』, 서울대학교 출판부, 2006.

통계청, 「장래인구추계 결과」, 2006. 11.

통계청, 「세계 및 한국의 인구현황」, 2005.

II. 노인 액티비티 프로그램의 분야별 실제 접근 사례

제1장

활동분석(activity analysis)

제1장 활동분석(activity analysis)

박 경 영(경동대학교 작업치료과 교수)

1. 활동(activity)의 개념과 중요성

사람은 누구나 전생애에 걸쳐 무엇인가를 하고 싶어하는 욕구를 가지고 태어난다. 사람은 끊임없이 새롭고 흥미로운 것을 만들어내고 그런 활동들을 하면서 만족감을 얻는다. 때문에 작업치료분야에서는 사람(human being)을 작업적 존재(occupational being)라고 정의하며, 한 개인에게 의미있는 활동(meaningful activity)이 건강 뿐 아니라 삶의 질을 높이고 더 나아가 사회참여를 증진시킬 수 있다고 보았다. 따라서 작업치료분야에서는 사람의 기능적 회복을 돕기 위해 활동(activity)을 사용한다.

즐거움을 얻기 위해서든 배우기 위해서든 간에 활동을 한다는 것은 자신이 생각한 목표과제를 실현하기 위해 자발적이고 능동적인 행동으로 표현되며 이 행동들은 분명한 목적이 있다. 작업치료분야에서는 목적이 있는 사람의 행동 혹은 과제를 가르켜 목적 지향적인 활동(goal-directed activity)이라고 표현한다. 다시 말하자면, 활동이란 자발적이고 목적이 있는 행동 혹은 과제들을 말한다.

삶은 이러한 활동들의 연속이다. 시간의 흐름의 따라 자신의 삶 속에서 자신에게 주어진 기대역할과 가치관, 관습 등이 변하면 목적 지향적인 활동들의 형태도 변하게 된다. 또한, 다양한 활동들 중 자신이 선택하게 되는 활동들은 개인마다 모두 다를 수 있다.

예를 들면, 초등학생은 또래친구들과의 관계를 중요하게 생각하기 때문에 친구와의 놀이활동이 중요하겠지만 다른 초등학생은 부모로부터 인정받는 것을 중요시하여 학교성적을 높이기 위한 학습활동에 중점을 둘 수도 있다. 이런 초등학생들과는 달리 성인기에는 그 나이에 기대되는 직업활동을 더 중요시할 수도 있다.

최근에는 점차 노인인구가 많아지면서 노인들의 삶의 질에 관한 관심이 높아졌다. 노인들은 노화과정을 통해 점차 신체적, 정신적 기능이 감소되고, 사회참여도 줄어든다. 이러한 기능감소는 활동의 범위와 활동수준을 낮춘다. 그러나 나이가 들면서 목적 지향적인 활동의 형태들은 변하겠지만 여전히 이러한 활동들을 수행한다.

노화에 관한 특성을 연구하기 위해 아더 재단 연구팀은 노인들의 높은 기능수준 유지를 예측할 수 있는 신체, 심리적, 사회적, 그리고 생물의학적 특성을 알아보기 위해 종적 연구를 수행하였다. 처음 연구에 참여한 대상자는 70세에서 79세 사이의 노인 1,189명이었다. 2년 반 후에 실시된 후속연구에서는 1,115명을 재평가하여 91%의 후속 조사율을 기록하였다. 사전 및 사후조사에서 신체와 인지수행능력, 건강 상태, 사회 및 심리적 특성, 혈액 및 소변 검사 등에 대한 자세한 평가 데이터를 구하였다. 이 연구의 결과를 토대로 Rowe와 Kahn(1997)는 성공적인 노화의 요소로 세 가지를 제시하였는데 첫 번째로 질병과 관련한 장애발생 가능성이 낮아야 하며 두 번째로 인지와 신체 기능수준이 높아야 한다. 마지막 요소는 적극적인 삶을 살아야 하는 것이다. 이 세 가지 요소들은 서로 상호관련성이 있다. 여기에서 적극적인 삶은 능동적인 활동들을 수행하는 것을 의미하며 이것은 인지, 신체 기능수준을 높이게 되고, 질병을 예방하는 효과를 가지고 있다. 다시 말하면 활동의 범위와 활동수준이 높을수록 건강한 삶을 유지하고 성공적인 노화과정을 겪게 된다. 따라서, 노인들의 삶 속에 즐겁고 의미있는 활동들을 장려하는 것이 건강한 노인사회를 확립하는 최선의 방법이라 할 수 있겠다.

2. 활동분석(activity analysis)의 개념과 중요성

노인들의 건강 혹은 기능회복을 위해 사람이 수행하는 활동을 사용하는 것은 어찌보면 너무 당연하다. 그런데 활동은 다양한 환경에서 다양한 방법으로 수행되며, 어떤 활동인가에 따라 그 활동을 수행하기 위해 필요로 하는 요소들이 달라진다. 따라서 노인들에게 어떤 목적을 가지고 어떤 활동을 사용하는가에 따라 얻어지는 효과가 달라진다. 이러한 이유로 활동에 필요한 요소 혹은 특성들을 잘 이해하는 것은 매우 중요한 일이다.

작업치료분야에서는 활동의 중요성을 인식하고 이를 적극적으로 활용하기 위하여 활동분석(activity analysis)을 제시하였으며, 활동의 특성을 정확히 파악하기 위한 활동분석은 작업치료사만의 장점 중 하나이다.

활동분석이란 활동에 필요한 요소 혹은 특성을 평가하는 과정을 말한다. 활동분석은 활동에 필요한 요소를 분석하는 것 뿐 아니라 다시 재구성하는 능력을 포함하고 있다. 활동분석을 통해 활동의 특성을 재구성하는 것은 활동을 수행하는 대상자의 특성 혹은 능력이나 수행환경 등을 고려하여 적절하게 활동을 변형하는 것이다. 이러한 능력은 활동을 통한 효과와도 밀접한 관련이 있다.

3. 활동분석

활동분석은 주로 작업치료분야에서 시행되고 있으므로 여기에서 언급하는 활동분석은 작업치료분야에서 사용하는 용어와 개념을 사용하여 활동분석을 소개하고자 한다.

작업치료분야에서는 사람이 수행하는 활동의 영역을 총 7개의 영역(일상생활활동, 수단적 일상생활활동, 교육, 일, 놀이, 여가활동, 사회참여)으로 나누었다. 모든 활동들은 이 영역들안에 포함될 수 있으며 각 활동에 필요한 능력은 운동능력, 처리능력, 의사소통/상호작용 능력으로 세분화하였다. 활동을 수행하기 위해서는 적절한 신체기능, 신체구조가 필요할 뿐 아니라 개인이 가지고 있는 수행패턴과 수행 환경이 있으며 활동에 필요한 다양한 요건들이 있다(그림 1-1). (사람의 신체기능에는 인지기능, 감각기능, 운동기능, 심혈관계 기능 등을 모두 포함한다)

활동분석을 하기 위해서는 우선, 특정활동 한 가지를 선택하여 실제로 수행해봄으로써 활동이 가지고 있는 특성을 파악해보도록 한다. 예를 들어, '악보없이 노래부르기'라는 활동을 생각해보는 경우 실제 노래를 부를 때는 신체 중 입과 성대를 주로 사용한다는 것을 알 수 있으며, 노래를 부를 때 즐거움(또는 다양한 감정)을 느낄 수 있고, 이 활동을 하기 위해서는 노래가사와 음정을 기억할 필요가 있다. 이렇게 간단하게 활동의 특성을 파악하면 활동이 갖고 있는 기본특성을 인식할 수 있다. 다음으로 선택한 활동을 하기 위해 필요한 순서단계를 크게 10단계 미만으로 구성해보고 단계마다 필요한 시간을 분석한다. 위의 '악보없이 노래부르기'의 활동의 경우를 생각해보면 '① 노래 선정하기(3분), ② CD 플레이어에 CD넣고 틀기(10초), ③ 노래 듣기(5분), ④ CD플레이어 끄기(1초), ⑤ 악보 보며 선정한 노래부르기(5분), ⑥ 악보없이 노래부르기(5분)'와 같이 크게 여섯 단계로 나눠볼 수 있다.

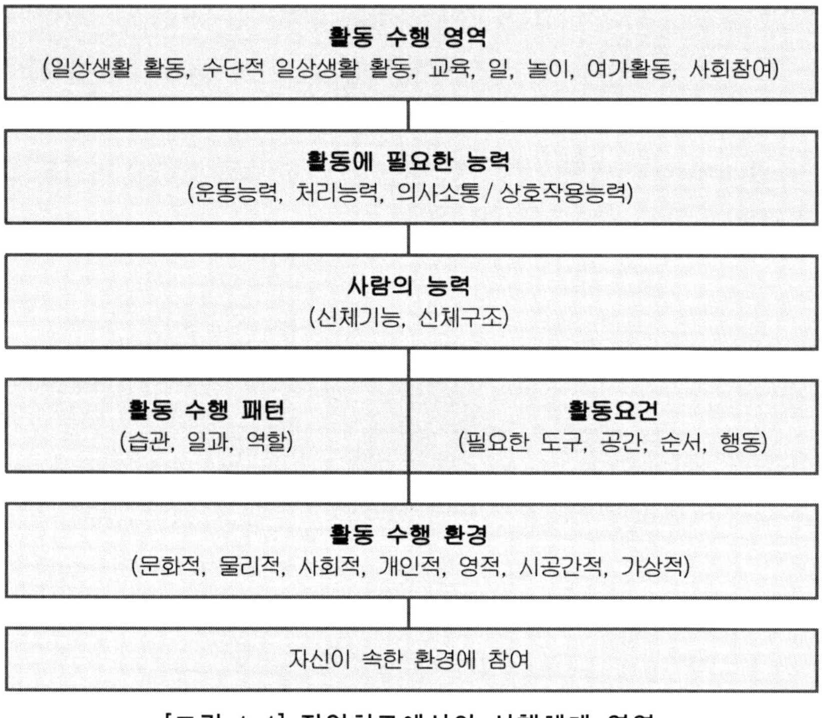

[그림 1-1] 작업치료에서의 시행체계 영역

이렇게 활동의 각 단계를 나눈 후 영역별로 필요한 요소들과 특성들을 구체적으로 분석한다. 이 때 아래에 제시한 표를 이용하여 I. 활동에 대한 전반적인 정보, III. 활동에 필요한 시간과 공간적 요소들, IV. 준비물과 도구, V. 활동과정을 작성해본다.

활동분석을 통해 영역별로 활동에 필요한 요소 혹은 특성을 알아보았다면 이 활동을 실제로 누가 할 것인가를 생각해보도록 한다. 예를 들면, '악보없이 노래부르기'는 심각한 언어장애 혹은 기억장애가 있는 사람들에게는 매우 어려운 활동일 수 있다. 따라서 누구를 대상으로 어떤 목적을 위해 이 활동을 시행할 것인가를 고려한다. 비록 '악보없이 노래부르기' 활동이 심각한 언어장애가 있는 사람에게 시행되기 어렵다고 하더라도 '가사

없이 허밍으로 노래부르기' 혹은 '수화로 노래부르기'와 같이 활동의 특성을 바꾸면 가능할 수도 있다.

활동분석의 이점은 활동에 필요한 요소를 파악해 냄으로써 대상자의 특성에 맞게 각 요소들을 바꾸어 활동을 다양하게 사용할 수 있다는 점이다. 우리는 이런 과정을 통해 활동의 난이도를 조정할 수 있으며, 이것을 활동의 등급화(activity grading)라고 한다.

활동의 등급화 방법은 주로 다음과 같다:

- 전체 활동을 좀 더 작은 여러 단계의 활동으로 세분화하기
- 편리한 환경(예, 조용한 환경)에서 일반적 환경까지 시행하기
  (예, 조용한 환경 → 시끄러운 환경, 시간제약없이 하기 → 시간 설정하기)
- 쉬운 단계의 활동에서 복잡한 단계의 활동까지 시행하기
  (예, 한번에 한 단계하기 → 한번에 여러 단계 한꺼번에 하기)
- 반복 횟수 늘이거나 줄이기
- 도움의 정도 늘이거나 줄이기
  (예, 시범보고 따라하기 → 혼자서 하기)

활동의 등급화를 위해서 위에서 언급한 방법외에도 활동에 필요한 도구를 바꿈으로써 더 쉽게 혹은 더 어렵게 활동을 시행할 수 있다. 예를 들면, '악보 보며 선정한 노래부르기(5분)' 단계에서 필요로 하는 악보는 원래 크기보다 더 크게 확대복사하여 사용하면 노인이나 시각장애가 있는 사람에게 훨씬 도움이 된다.

다음으로 활동분석시 제시한 활동과 활동목표는 서로 적합한 것이어야 한다. 예를 들면, '악보없이 노래부르기'의 활동목표가 기억력을 향상시키기 위한 활동으로는 적합하지만 대인관계 향상을 목표로 한다면 굳이 '악보없이' 할 필요는 없다.

마지막으로 활동분석에서 이 활동을 시행할 때 어떤 교수법(학습방법)이 활동에 도움이 될지를 고려한다.

활 동 분 석

I. 활동에 대한 전반적인 정보

A. 활동명

B. 활동목표

C. 이 활동이 일어나는 환경(특정 환경)

1. 특별한 환경적 특성(장비, 안정성 요구)
2. 이러한 활동을 수행하기 위해 필요한 공간(1인 기준)

D. 활동내역

1. 재료와 준비물 목록
2. 도구와 장비 목록
3. 재료와 준비물 예산 비용
4. 활동의 주된 단계(10단계 미만으로 서술)

II. 활동과 활동목표사이의 적합성(일치성)

A. 활동목표와 활동과의 관계

B. 대상자의 흥미, 가치, 문화적 배경, 연령, 성, 활동사, 작업 역할, 최근기술과 기능적 수준, 이전학습, 현재와 미래 환경과 활동과의 관계

C. 이러한 활동에 참여하는 동기

III. 활동에 필요한 시간과 공간적 요소들

A. 전체 활동 수행에 필요한 시간(일반사람과 비교측정)

1. 목표가 있는 활동(과제)을 완료하기 위해 필요한 시간

B. 활동의 단계 수와 각 단계에 필요한 시간

1. 각 단계에 참여하는데 필요한 최소한의 집중시간
2. 단계를 반복할 필요성
3. 단계의 순서를 간소화 하거나 혹은 생략, 재배열할 가능성

C. 시간적 지연(기다리는 시간)의 필요여부

D. 이 활동의 수행 빈도(일상적인 생활 속에서)

E. 환경 변화 및 수정

1. 상호작용을 증가시키거나 감소시키기 위한 가구 혹은 물품의 배열

→

→

2. 과제준비 및 전반적 조명 상태
3. 산만하게 만드는 요소 통제(산만한 시각자극, 소음 등)
4. 환경안에 잠재된 위험 요소 통제(턱, 미끄러운 바닥면 등)
5. 활동시 대상자의 자세
   a. 활동시 사용하는 도구, 물품들의 위치
   b. 대상자가 의자에서 일어나고 주위를 움직이는 행동 등 필요여부

IV. 준비물과 도구

A. 잠재적인 위험성과 주의사항

B. 유용한 감각자극(시각, 청각, 촉각, 후각, 미각, 움직임 감각 등)

C. 물리적 특성

1. 저항력
2. 유연성
3. 조정 가능성(물품의 조정 용이)
4. 더러워짐
5. 시끄러움
6. 기타 다른 특성들(먼지, 냄새, 소음 등)

V. 활동과정

A. 활동 혹은 각 단계의 난이도

B. 필요한 기술지식

C. 인지적 능력에 결손이 있는 사람이 이해하기 어려운 "마술적" 변화 혹은 다른 현상 존재(예, 발화하고 있는 동안의 유리색의 변화)

D. 필요한 감각 구별(색상, 재질 등)

E. 지각적 요구사항 등(형태 일치, 공간적 관계 등)

F. 신체적 요소들

1. 대근육과 미세 근육에서의 협응
   a. 근육 조절
   b. 민첩성과 조작기술
2. 근력

→

→

3. 지구력
4. 자세 균형과 조절
5. 관절가동범위

G. 인지적 요소와 요구사항들

1. 집중시간과 집중력
2. 시간, 장소, 사람 그리고 활동에 대한 지남력
3. 기억력
   a. 학습을 보유하거나 하나의 상황에서 다른 상황으로 학습전이
4. 새로운 학습
5. 선행 인지 기술들
6. 현실성 검사와 합의적 타당성에 대한 기회 제공

H. 사회적 요소와 요구사항들

1. 개별적 혹은 집단적 활동
2. 참여하는 사람의 수(대상자, 가족 등)
3. 상호작용
   a. 필요한 집단 상호작용 수준(프로젝트, 자기중심-협동적, 협동적, 성숙집단)
   b. 이 활동 중 필요하거나 가능한 상호작용 유형(도움 주고 받기, 다른 사람에게 의존하기, 도구나 재료 공유하기, 협동하기, 경쟁하기, 리더십 제공하기 등)
4. 필요한 의사소통(분량, 언어적 혹은 비언어적)

J. 표현의 기회와 요구

1. 언어적 또는 상징적 감정 표현
2. 감정에 대한 탐색과 토의

VI. 교수법 설계

A. 지시유형(시범, 구두지시, 서면지시, 도식 등)
B. 학습 단위(한번에 몇 단계를 가르칠 것인가)
C. 특별한 학습 경험에 대한 준비
(모델링, 피드백, 시도와 실패 경험, 연습과 반복, 현실감 검사)
D. 제공되는 외부 교수 도구(시청각 도구, 활동 샘플)
E. 준비물과 도구를 미리 준비

활 동 분 석 (예 시 1)

I. 활동에 대한 전반적인 정보

A. 활동명 : 악보 없이 노래 부르기

B. 활동목표 : 기억력 향상을 위함

C. 이 활동이 일어나는 환경(특정 환경)

1. 특별한 환경적 특성(장비, 안정성 요구)
   - 시끄럽지 않고 남에게 방해되지 않는 조용한 교실
   - 높이와 폭이 적절한 책상과 의자가 있는 환경
2. 이러한 활동을 수행하기 위해 필요한 공간(1인 기준)
   - 최소 1.5m × 1.5m

D. 활동내역

1. 재료와 준비물 목록
   - 선정한 노래 악보
2. 도구와 장비 목록
   - 책상과 의자
   - CD플레이어와 노래 CD
3. 재료와 준비물 예산 비용
   - 악보 복사비 : 5장 × 50원 × 참여인원수 = ________원
   - CD플레이어 : 7만원
   - 노래 CD : 15,000원
4. 활동의 주된 단계(10단계 미만으로 서술)
   - ① 노래 선정하기(3분)
   - ② CD플레이어에 CD넣고 틀기(10초)
   - ③ 노래 듣기(5분)
   - ④ CD플레이어 끄기(1초)
   - ⑤ 악보 보며 선정한 노래 부르기(5분)
   - ⑥ 악보 없이 노래 부르기(5분)

→

→

II. 활동과 활동목표사이의 적합성(일치성)

A. 활동목표와 활동과의 관계

- 악보 없이 노래 부르는 것은 기억력 증진에 도움을 줌

B. 대상자의 흥미, 가치, 문화적 배경, 연령, 성, 자신의 역할, 최근기술과 기능적 수준, 이전학습, 현재와 미래 환경과 활동과의 관계

- 한글을 읽을 수 있으며 음의 높낮이를 구별할 수 있고, 신나는 리듬의 노래를 좋아함, 좋아하는 노래를 기억하고 악보 없이도 즐겨 부를 수 있음

C. 이러한 활동에 참여하는 동기

- 평상시 노래를 좋아함

III. 활동에 필요한 시간과 공간적 요소들

A. 전체 활동 수행에 필요한 시간(일반사람과 비교측정)

1. 활동(과제)을 완료하기 위해 필요한 시간
   - 최소 20분 ~ 1시간

B. 활동의 단계 수와 각 단계에 필요한 시간

1. 각 단계에 참여하는데 필요한 최소한의 집중시간
   ① 노래 선정하기(3분)
   ② CD플레이어에 CD넣고 틀기(10초)
   ③ 노래 듣기(5분)
   ④ CD플레이어 끄기(1초)
   ⑤ 악보 보며 선정한 노래 부르기(5분)
   ⑥ 악보 없이 노래 부르기(5분)
2. 단계를 반복할 필요성
   - ②~⑥ 단계를 반복할 필요가 있음
3. 단계의 순서를 간소화 하거나 혹은 생략, 재배열할 가능성
   - 노래를 미리 선정하여 ① 단계를 생략할 수 있음

C. 시간적 지연(기다리는 시간)의 필요여부

- 선정한 노래를 배울 때 CD플레이어의 노래가 끝나기를 기다려야 함

D. 이 활동의 수행 빈도(일상적인 생활 속에서)

- 규칙적인 활동이 아니며, 임의적임

→

→

E. 환경 변화 및 수정

1. 상호작용을 증가시키거나 감소시키기 위한 가구 혹은 물품의 배열
   - 다른 사람을 방해하지 않도록 교실 정면 방향으로 책상을 일렬로 배열함
2. 과제준비 및 전반적 조명 상태
   - 활동을 하기 전 필요에 따라 안경, 보청기 등을 준비하며, 과제에 집중할 수 있도록 조명을 조절함
3. 산만하게 만드는 요소 통제(산만한 시각자극, 소음 등)
   - 주변의 물건들을 정리 정돈함
   - 시끄럽지 않은 조용한 환경에서 시행함
4. 환경 안에 잠재된 위험 요소 통제(턱, 미끄러운 바닥면 등)
   - 낙상방지를 위해 팔걸이 부착의자 혹은 카펫을 사용함
5. 활동시 대상자의 자세
   - 앉아서 실시함

   a. 활동시 사용하는 도구, 물품들의 위치
      - 악보는 책상위에 놓음

   b. 대상자가 의자에서 일어나고 주위를 움직이는 행동 등 필요여부
      - 없음

IV. 준비물과 도구

A. 잠재적인 위험성과 주의사항

- 과도한 성대사용은 성대손상의 위험이 있으며, 노래 CD를 들을 때 너무 소리가 크면 청각손상이 있을 수 있음
- 악보(종이)를 먹지 않도록 함
- CD플레이어의 정확한 조작방법을 알아야 함

B. 유용한 감각자극(시각, 청각, 촉각, 후각, 미각, 움직임 감각 등)

- 시각, 청각을 주로 사용함

C. 물리적 특성

1. 저항력 : 없음
2. 유연성 : 없음
3. 조정 가능성(물품의 조정 용이) : 노래 가사길이, 악보크기에 따라 조절 가능함

→

→

4. 더러워짐 : 연습을 위한 반복적인 악보사용은 악보를 더럽힐 수 있음
5. 시끄러움 : 없음
6. 기타 다른 특성들(먼지, 냄새, 소음 등) : 없음

V. 활동과정

A. 활동 혹은 각 단계의 난이도

- 짧은 노래가사 선정하거나 가사 없이 허밍으로 하면 난이도가 낮음
- 예전에 배운 노래인 경우 난이도가 낮음
- 음의 변화가 많거나 노래 길이가 긴 경우 난이도가 높음

B. 필요한 기술지식

- 노래가사를 읽기 위해 한글을 알아야 하며, 악보를 보기 위해 기본적인 음악지식이 필요함

C. 인지적 능력에 결손이 있는 사람이 이해하기 어려운 "마술적" 변화 혹은 다른 현상 존재 (예, 발화하고 있는 동안의 유리색의 변화)

- 없음

D. 필요한 감각 구별(색상, 재질 등)

- 음의 높낮이와 음의 길이를 알아야 함(소리구별)

E. 지각적 요구사항 등(형태 일치, 공간적 관계 등)

- 한글의 형태, 음표 기호를 알아야 함

F. 신체적 요소들

1. 대근육과 미세 근육에서의 협응
   a. 근육 조절 : 가사를 눈으로 따라 가며 볼 수 있도록 안구운동 조절능력이 필요하며, 노래를 부르기 위해 적절한 구강근육의 움직임이 필요함
   b. 민첩성과 조작기술 : 없음
2. 근력 : 노래를 부르기 위한 구강근력이 필요함
3. 지구력 : 활동을 하는 동안 지속적으로 앉은 자세를 유지해야 하며, 노래를 끝까지 부르기 위한 심폐지구력이 필요함
4. 자세 균형과 조절 : 의자에서 넘어지지 않고 균형을 유지해야 함
5. 관절가동범위 : 구강(입, 혀, 턱)구조가 정상적인 관절가동범위를 가지고 있어야 함

→

→

G. 인지적 요소와 요구사항들

1. 집중시간과 집중력
   - 최소 20분~1시간동안 집중력을 유지해야 함
2. 시간, 장소, 사람 그리고 활동에 대한 지남력 : 필요함
3. 기억력
   - 현재까지 배운 노래가사를 기억한 뒤 다음 단계로 진행함
   a. 학습을 보유하거나 하나의 상황에서 다른 상황으로 학습전이
      - 악보를 보지 않고 노래를 부르기 위해 필요함
4. 새로운 학습
   - 새로운 노래를 배우기 위해 학습능력이 필요함

H. 사회적 요소와 요구사항들

1. 개별적 혹은 집단적 활동
   - 개별적 혹은 집단적으로 시행할 수 있음
2. 참여하는 사람의 수(의료진, 환자, 가족 등)
   - 최소 1명~교실 수용인원
3. 상호작용
   a. 필요한 집단 상호작용 수준 : 개별적으로 시행하는 경우 자기중심적이며, 상호작용이 없으나, 집단으로 시행하는 경우 협동적 상호작용이 필요함
   b. 이 활동 중 필요하거나 가능한 상호작용 유형(도움 주고 받기, 다른 사람에게 의존하기, 도구나 재료 공유하기, 협동하기, 경쟁하기, 리더십 제공하기 등)
      - 정확한 음(가사)을 모를 때 다른 사람에게 질문하거나 도움을 줄 수 있음
4. 필요한 의사소통(분량, 언어적 혹은 비언어적)
   - 언어적 의사소통이 필요함

I. 표현의 기회와 요구

1. 언어적 또는 상징적 감정 표현
   - 큰 목소리로 즐거움을 나타낼 수 있음
2. 감정에 대한 탐색과 토의
   - 없음

→

→

VI. 교수법 설계

A. 지시유형(시범, 구두지시, 서면지시, 도식 등)

- CD플레이어를 이용하여 반복시범을 시행함

B. 학습 단위(한번에 몇 단계를 가르칠 것인가)

- 악보상 4마디 단위로 나누어 가르침

C. 특별한 학습 경험에 대한 준비

(모델링, 피드백, 시도와 실패 경험, 연습과 반복, 현실감 검사)

- 연습과 반복이 필요하며 최종적으로 악보 없이 노래 부를 때 실패할 가능성이 있음

D. 제공되는 외부 교수 도구(시청각 도구, 활동 샘플)

- 없음

E. 준비물과 도구를 미리 준비

- 미리 악보를 복사하고 CD플레이어와 노래CD를 준비해야 함

활 동 분 석 (예 시 2)

I. 활동에 대한 전반적인 정보

A. 활동명 : 종이접기

B. 활동목표 : 양손협응 능력 향상

C. 이 활동이 일어나는 환경(특정 환경)

1. 특별한 환경적 특성(장비, 안정성 요구)
   - 높이와 폭이 적절한 책상과 의자가 있는 환경
2. 이러한 활동을 수행하기 위해 필요한 공간(1인 기준)
   - 최소 1.5m × 1.5m

D. 활동내역

1. 재료와 준비물 목록
   - 다양한 종이류
   (대비색 높은 양면 색종이, 선이 있는 종이, 두꺼운 종이, 얇은 종이, 단색 종이, 크기가 큰 종이, 작은 종이 등)
   - 종이접기 책자
2. 도구와 장비 목록
   - 책상과 의자
3. 재료와 준비물 예산 비용
   - 종이 구매 비용(2,000원)
   - 종이접기 책자(10,000원)
4. 활동의 주된 단계(10단계 미만으로 서술)
   ① 접고 싶은 종이접기 형태를 1가지 선택한다.
   ② 종이의 크기, 재질에 따라 접고 싶은 종이류를 선택한다.
   ③ 종이접기 책자에 제시된 단계로 따라 접어 완성한다.

II. 활동과 활동목표사이의 적합성(일치성)

A. 활동목표와 활동과의 관계

- 종이접기는 2차원 혹은 3차원적 시공간 해석능력, 양손 협응능력, 종이 접기 순서를 따르는 인지능력, 과제완성까지의 집중력이 요구되는 활동임

→

→

B. 대상자의 흥미, 가치, 문화적 배경, 연령, 성, 활동사, 작업 역할, 최근기술과 기능적 수준, 이전학습, 현재와 미래 환경과 활동과의 관계

– 대상자는 60세 이상 노인 분들로 종이접기 활동에 관심이 많으며, 취미활동으로 활용하기를 기대함

C. 이러한 활동에 참여하는 동기

– 종이접기 작품을 본인 방에 장식용품으로 꾸미고 싶음

III. 시간과 공간적 요소들

A. 전체 활동 수행에 필요한 시간(일반사람과 비교측정)

1. 활동(과제)을 완료하기 위해 필요한 시간

– 최소 15분 ~ 1시간

B. 활동의 단계 수와 각 단계에 필요한 시간

1. 각 단계에 참여하는데 필요한 최소한의 집중시간

① 접고 싶은 종이접기 형태를 1가지 선택한다.(1분)

② 종이의 크기, 재질에 따라 접고 싶은 종이류를 선택한다.(1분)

③ 종이접기 책자에 제시된 단계로 따라 접어 완성한다.(15분)

2. 각 단계를 반복할 필요성

– 없음

3. 단계의 순서를 간소화 하거나 혹은 생략, 재배열할 가능성

– 사전에 선택할 종이류와 종이접기 형태를 미리 결정할 수 있음

C. 시간적 지연(기다리는 시간)의 필요

– 없음

D. 이 활동의 수행빈도

– 규칙적인 활동이 아니며, 임의적임

E. 환경 변화 및 수정

1. 상호작용을 증가시키거나 감소시키기 위한 가구 혹은 물품의 배열

– 한 책상에서 여러 명이 동일한 종이접기를 시행함

– 큰 종이를 같이 접음

2. 과제준비 및 전반적 조명 상태

– 활동을 하기 전 필요에 따라 안경, 보청기 등을 준비하며, 과제에 집중할 수 있도록 조명을 조절함

→

→

3. 산만하게 만드는 요소 통제(산만한 시각자극, 소음 등)
   - 주변에 물건들을 정리 정돈함
   - 시끄럽지 않은 조용한 환경에서 시행함
4. 환경 안에 잠재된 위험 요소 통제(턱, 미끄러운 바닥면 등)
   - 낙상방지를 위해 팔걸이 부착의자 혹은 카펫을 사용하거나 문 턱 등을 경사면이 되도록 함
5. 활동시 환자의 자세
   - 앉은 자세로 실시함
   a. 활동시 사용하는 도구, 물품들의 위치
      - 종이접기 책자, 종이는 이용하기 편리한 위치에 놓음
   b. 환자가 의자에서 일어나고 주위를 움직이는 행동 등 필요여부
      - 없음

IV. 준비물과 도구

A. 잠재적인 위험성과 주의사항

- 종이를 먹지 않도록 함

B. 유용한 감각자극(시각, 청각, 촉각, 후각, 미각, 움직임 감각 등)

- 시각, 청각, 움직임 감각, 촉각을 주로 사용함

C. 물리적 특성

1. 저항력 : 두꺼운 종이, 작은 종이 일수록 접기 어려움
2. 유연성 : 얇은 종이, 큰 종이 일수록 접기에 유연함
3. 조정 가능성 : 두께, 색깔, 재질, 크기 등을 통해 조절 가능함
4. 더러워짐 : 여러번 접을수록 종이가 더러워져 접기 어려움
5. 시끄러움 : 없음
6. 기타 다른 특성들(먼지, 냄새, 소음 등) : 없음

V. 활동과정

A. 활동 혹은 각 단계의 난이도

- 강한 대비색으로 된 양면 종이가 단색 종이보다 접기 쉬움
- 선택한 종이 접기의 접는 단계가 많을수록 난이도가 높아짐
- 여러 장의 종이를 접어 결합함으로써 완성품을 만드는 것은 난이도가 높음

→

→

B. 필요한 기술지식

- 종이 접기 기호에 대한 정보를 알고 있어야 함

C. 인지적 능력에 결손이 있는 사람이 이해하기 어려운 "마술적" 변화 혹은 다른 현상 존재 (예, 발화하고 있는 동안의 유리색의 변화)

- 없음

D. 필요한 감각 구별(색상, 재질 등) : 색 구별, 종이 질감 구분

E. 지각적 요구사항 등(형태 일치, 공간적 관계 등)

- 공간적 개념(앞, 뒤, 위, 아래, 왼쪽, 오른쪽, 안과 밖)

F. 신체적 요소들

1. 대근육과 미세 근육에서의 협응
   a. 근육 조절 : 미세근육의 협응 능력이 필요함
   b. 민첩성과 조작기술
      : 민첩성보다는 손으로 정확하게 종이를 조작하는 능력이 필요함
2. 근력 : 최소한의 손의 근력이 필요함
3. 지구력 : 종이 접는 단계가 많아 시간이 길어지면 근지구력이 필요함
4. 자세 균형과 조절 : 앉은 자세의 균형 유지능력이 필요함
5. 관절가동범위 : 손가락 관절의 관절가동범위는 정상이어야 함

G. 인지적 요소와 요구사항들

1. 집중시간과 집중력 : 최소 15분 ~ 1시간 동안 집중해야 함
2. 시간, 장소, 사람 그리고 활동에 대한 지남력 : 필요함
3. 기억력
   - 현재까지 수행한 종이 접는 단계를 기억하고 다음 단계로 진행함
   a. 학습을 보유하거나 하나의 상황에서 다른 상황으로 학습전이
      - 유사한 종이접기 활동에도 활용할 수 있어야 함
4. 새로운 학습
   - 새로운 형태의 종이접기 활동시 학습능력이 필요함

H. 사회적 요소와 요구사항들

1. 개별적 혹은 집단적 활동
   - 개별 혹은 집단으로 실시 가능
2. 참여하는 사람의 수(의료진, 환자, 가족 등)
   - 개별적인 경우 최소 1명 ~ 집단인 경우 교실 수용인원

→

→

3. 상호작용
  a. 필요한 집단 상호작용 수준
    - 개별적인 경우 자기중심적 과제이므로 상호작용이 거의 일어나지 않으나 집단인 경우 협동적 상호작용이 일어남
  b. 이 활동 중 필요하거나 가능한 상호작용 유형(도움 주고 받기, 다른 사람에게 의존하기, 도구나 재료 공유하기, 협동하기, 경쟁하기, 리더십 제공하기 등)
    - 집단으로 실시할 경우 종이 접는 순서나 종이 접기 기호 등을 질문하거나 대답함으로써 서로 도움을 주고 받을 수 있음
4. 필요한 의사소통(분량, 언어적 혹은 비언어적)
  - 집단으로 하는 경우 언어적 의사소통이 필요함

J. 표현의 기회와 요구

1. 언어적 또는 상징적 감정 표현
  - 집단내에서 다른 사람에게 도움을 받았을 때 고마움을 표현할 수 있는 기회가 있음
2. 감정에 대한 탐색과 토의
  - 없음

VI. 교수법 설계

A. 지시유형(시범, 구두지시, 서면지시, 도식 등)
  - 시범보이기
B. 학습 단위(한 번에 몇 단계를 가르칠 것인가)
  - 한 번에 한 단계를 따라하게 함
C. 특별한 학습 경험에 대한 준비
(모델링, 피드백, 시도와 실패 경험, 연습과 반복, 현실감 검사)
  - 시행착오의 경험을 할 수 있으며, 주변 사람들로부터 피드백을 받을 수 있음
D. 제공되는 외부 교수 도구(시청각 도구, 활동 샘플)
  - 없음
E. 준비물과 도구를 미리 준비
  - 종이 접기를 시행할 것을 미리 준비함

참고문헌

김영근, 김태훈, 노종수 외(2007). 정신사회작업치료학. 정문각

American Occupational Therapy Association(2002). Occupational therapy practice framework : Domain and process. American Journal of occupational Therapy, 56, 609-639.

American Occupational Therapy Association(1997). statement – Fundamental concepts of occupational therapy : Occupation, purposeful activity, and function. American Journal of Occupational Therapy, 51, 864-865.

Hersch, G. I., Lamport, N. K., Coffey, M. S.(2005) Activity analysis – application to occupation(5th ed). SLACK Inc.

제2장

음악치료의 이론과 실제

제2장 음악치료의 이론과 실제

이 순 화(인제대학교 음악치료 겸임교수, 순천향대학교 건강과학대학원 외래교수)

1. 음악치료의 이해

음악은 시대를 통해 인간의 삶에서 중요한 역할을 해 왔으며, 자기 삶의 질적 변화와 치유를 위해 사용되어 왔다(Hesser, 2001). 음악이 가지고 있는 치유적 힘은 인간이 태어나서부터 생을 마감할 때까지 전 생애에 걸쳐 경험되는데, 음악이 인간의 정서와 행동을 변화시킬 수 있는 것은 바로 인간이 태어날 때부터 가지고 있는 음악적 선천성 때문이라고 할 수 있다. 양수 환경에서 들려지는 엄마 목소리의 선율과 심장박동의 리듬은 이미 태어나기 전부터 들을 수 있는 음악적인 요소이다. 이와 같이 우리의 삶은 생의 초기부터 '소리의 세계'에서 이루어진다. 이러한 소리에 질서를 찾아주고 조직화시킨 것이 음악이다. 단순한 것에서부터 복잡한 것까지 여러 가지 음악이 존재하는데, 인간이 살아가면서 일상에서 가장 가까이 접하고 경험하는 것이 바로 음악이다.

음악이 인간의 정서에 깊이 관여하고 있다는 사실은 이미 많은 연구와 문헌을 통해 확인되어져 왔다. 그러나 음악은 단순히 정서나 감정 등과 같은 인간의 심리적인 면에만 좋은 영향을 주는 것이 아니라, 혈압, 맥박, 호흡, 심장박동 등과 같은 생리적인 부분과 나아가서는 사회적인 부분에까지 영향을 미치는 힘을 가지고 있다. 이러한 다양한 영향력을 가진 음악을 도구로 사용하여 보다 안전하고 체계적으로 '치료'에 접근하고자 하는 것이 바로 음악치료이다. 따라서 음악치료는 예술로서의 속성인 '음악'과 과학적 입장을 가진 '치료'가 복합된 용어이며, 이에 대한 이해를 돕기 위하여 미국음악치료협회(American Music Therapy Association ; AMTA)의 정의를 소개하고자 한다.

1) 음악치료의 정의(AMTA)

음악치료는 몸과 마음의 건강을 유지하게 하거나 향상, 또는 회복시키기 위해 음악을 사용하는 것이다. 이것은 치료하는 환경에서 치료 대상자의 행동을 바람직한 방향으로 변화시키기 위한 목적으로 음악치료사가 음악을 단계적으로 사용하는 것이다. 이러한 변화는 치료받는 대상자가 자신과 주위 환경을 깊이 있게 이해하게 하여 사회에 좀 더 잘 적응할 수 있도록 도와준다. 이를 위해 치료사는 환자와의 만남을 통하여 그를 진단하고 그 결과에 따라 치료계획과 목표를 세우며, 그 목표달성을 위해 음악을 단계적으로 사용하게 된다. 또한 치료과정이 효과적인가를 알기 위해 정기적인 평가를 하게 된다.

따라서 AMTA에서는 "음악치료는 치료적인 목적, 즉 정신과 신체건강을 복원 및 유지시키며 향상시키기 위해 음악을 사용하는 것"이라고 정의내리고 있다. 여기에서 음악치료의 목적이 몸과 마음의 건강을 유지하게 하거나 향상, 또는 회복시키기 위해 음악을 사용하는 것이다."라고 할 때 회복이나 재활의 뜻은 질병이나 장애로 정신적, 신체적으로 손상되었을 때 이것을 원래의 기능으로 회복시켜주는 것을 의미하며, 재활은 신체건강의 회복을, 유지는 치매나 중풍환자들에게 정신적, 신체적으로 그 기능을 유지하도록 도와주는 것이다. 또한 향상은 환자가 살아가기 위해 필요한 생활기술이나 사회적응 기술들을 가르쳐 주어 기능을 향상시켜 주는 것이다.

2) 음악치료의 주요 요소

음악치료의 과정

음악치료는 한 두 번에 그치는 치료의 형태가 아니라, 구체적인 목표를 세우고 단계적으로 치료를 시행해가는 체계적인 과정이 있다. 치료의 목적은 치료대상자의 행동변화와 관련되는 '음악외적인 것이 목적'이 되며, 음악활동을 통해서 이를 바람직한 행동으로 변화시키기 위해 치료목적을 설정한다.

치료과정으로는 진단평가 → 치료목적 및 목표설정 → 음악활동 계획 → 대상자의 반응 및 치료결과 평가를 가지게 된다. 즉, 음악치료는 치료목표를 두고 그것을 이루어내기 위한 체계적인 과정이 있어야 한다. 음악치료에서 치료사는 환자와의 만남을 통해 그를 진단(Assessment)하고 그 결과에 따라 치료목적과 목표(Therapeutic Goals and Objectives)를 설정하며, 그 치료목표에 따라 구체적인 치료계획(Session Plan)을 세우고 치료에 임하게 된다.

훈련된 음악치료사

음악치료가 이루어지기 위해서는 훈련된 치료사가 참여하여야 한다. 예를 들어, 머리가 아픈 사람이 'Beethoven의 Symphony No.9'를 들었더니 머리가 깨끗이 나아졌다거나 배가 아팠는데 'Mozart의 Piano Sonata No.1'을 들었더니 배가 나았다거나, 또는 불면증이 있는 사람이 '브라암스의 잠의 여신(Sandmannchen)'을 들었더니 편안이 잠들 수 있었다고 할 때 음악이 치료적인(therapeutic music) 목적으로 사용되었다고 할 수 있지만 이것을 '음악치료'라고 하지는 않는다. 왜냐하면 여기에는 훈련된 치료사에 의해 치료가 체계적으로 이루어지지 않았기 때문이다.

음악치료의 대상자 및 활동장소

음악치료의 치료대상은 발달장애 아동에서부터 정서장애를 가지고 있는 청소년, 정신장애를 가지고 있는 성인, 중풍이나 치매를 앓는 노인 등으로 매우 다양하게 적용된다. 또한 특별한 장애가 없는 정상인에게도 GIM과 같은 음악심리치료를 시행한다. 음악치료를 시행할 수 있는 곳은 정신병원, 재활병원, 특수학교, 아동 및 청소년 치료센터, 발달장애클리닉, 노인복지기관, 양로원, 노인성 질환센터, 개인임상클리닉, 마약 및 알코올중독 치료센터, 교도소 등이 있다.

음악치료활동

음악치료에는 다양한 음악활동이 사용된다. 음악치료는 음악을 수동적으로 듣는 것뿐만 아니라 능동적으로 노래 부르는 것, 악기연주, 노래 만드는 것 등의 다양한 음악활동이 사용되어진다. 즉, 음악치료에서는 치료대상과 목적에 따라 노래, 작곡, 작사, 연주, 감상 등의 다양한 음악활동을 시행하게 되며, 이에 따라 악기도 적절하게 선택하여 활용할 수 있다.

예를 들어, 치료사가 리듬을 제시하면 환자가 이 리듬을 모방한다거나 익숙한 노래의 멜로디에 가사를 바꾸어 채워 넣는 활동, 음악을 듣고 토론하는 활동, 음악을 들으며 신체를 이완하는 활동 또는 음악을 들으며 명상을 하는 활동도 음악치료에 포함된다. 이런 활동들은 환자의 진단에 따른 치료목표와 치료계획에 따라서 적용되는 것이다.

3) 음악치료의 이론적 근거

음악이 치료에 이용되어지는 이유는 음악이 인간의 심리적(Psycological), 생리적(Physiological), 사회적(Social)인 면에서 반응을 일으키기 때문이다. 즉, 음악은 인간에게 정서반응을 일으키고, 이러한 정서반응은 인체의 혈압, 맥박, 심장박동, 피부반응 그리고 뇌파에 영향을 주어서 생리적인 반응을 일으키게 하는데, 이러한 생리적인 반응과 심리적인 반응은 곧 사회적인 관계에도 영향을 주게 된다.

심리적인 반응(psychological response)

음악이 심리적으로 인간의 정서와 행동에 미치는 영향은 변연계(limbic system)와 관계된다. 시상을 매개로 하는 변연계(limbic system)의 음악자극 처리과정으로 인해 음악은 사람에게 의미 있는 정서반응을 일으킨다(Roederer, 1975). 음악으로 유발된 의미 있는 정서반응들은 임상현장에서 정서수정(affect modification)을 가능하게 하며, 이러한 정서수정은 치료적 목적을 달성할 수 있는 인지학습과 행동변화에 필수 요소가 된다(Thaut, 1990). 소리의 진동은 우리에게 정서적 · 신체적으로 반응을 일으키는데, 정서반응이 일어날 때는 자율신경체계에 의한 생리적인 반응들도 동시에 일어난다. 즉, 외부에서 청각신경계를 거쳐서 들어오는 음은 시상 및 시상하부에서 우선 감정을 유발하고 그것이 자율신경계에 의해서 신체에 직접 영향을 미치게 된다.

특정 음악에 대한 정서반응에 관해서는 음악심리학에서 그동안 많은 연구가 이루어져 왔다. 그것은 음악 자체가 특정한 감정을 유발한다기 보다는 음악을 듣는 사람의 과거 경험과 사회 · 문화적 배경, 그리고 음악적 선호도와 음악교육의 정도 등이 음악을 들을 때의 정서적 반응과 관계가 있다는 것이 밝혀졌다(Radocy & Boyle, 1988). 따라서 특정 음악에 대한 반응은 사람마다 각기 다르게 나타난다. 그러나 음악의 선율이나 리듬, 화성적 구조, 강약 등도 음악을 듣는 사람에게 개인적으로 특정한 경험을 하도록 어느 정도는 결정한다.

일반적으로 부드럽고 안정적인 음악은 부교감신경을 자극하여 긴장을 풀어주고 마음을 편안한 상태로 유도하며, 자극적인 음악은 교감신경을 자극하여 움직임을 유도하며, 신체의 근육을 활성화시켜 준다. 이와 같이 음악으로 유발된 심리적인 변화는 생리적인 반응을 유발하게 되며, 이러한 반응은 결국 사회적인 관계에도 영향을 미치게 된다.

생리적인 반응(physiological response)

음악이 인간의 신체에 직접적인 반응을 일으킨다는 연구는 지난 수십 년 동안 활발히 진행되어져 왔다. 예를 들어, 음악이 혈압, 맥박의 속도, 심장박동, 호흡수, 뇌파, 그리고 피부반응(Galvanic Skin Response) 등에 영향을 미친다는 것이다. 이러한 생리적 반응은 사람에 따라 다르게 나타나며, 반응의 정도 또한 매우 다양하다. 그 이유는 개인의 신체적인 상태와 심리적인 상태 및 음악 선호도와 경험 등이 각기 다르기 때문이라고 할 수 있다.

그러나 대개의 경우, 음악의 소리가 갑자기 커질 때 깜짝 놀란다거나 템포가 빠르고 갑자기 조성이 바뀌는 음악을 들을 때 심장박동이 빨라지고 조급함이 느껴지거나 또는 조용하고 부드러운 레가토의 음악을 들을 때 마음이 편안해지는 경우와 같이 일반적으로 나타나는 음악의 특성에 대해서는 비슷한 반응을 보일 수 있다.

또한 최근에는 음악 감상과 신체이완법이 인간의 면역체계에도 긍정적인 영향을 미친다는 연구결과가 미국의 템플(Temple)대학의 딜레오 머란토(Dileo Maranto) 교수팀에 의해 밝혀지기도 했다. 이런 연구결과는 음악치료가 암환자의 면역증가요법의 하나로 사용되는 이론적 근거를 마련하기도 했다. 또한 음악은 음악과 연상을 이용하여 통증환자의 주의를 외부로 돌리게 함으로써 통증을 감소시키는 데에도 관심을 가지게 되었다. 따라서 음악에 대한 인간의 생리적인 반응은 분만시 산모의 통증조절이나 암환자의 면역증가요법, 그리고 안정이 필요한 환자의 신체이완 등에 음악치료를 적용할 수 있는 가능성을 보여준다.

사회적인 반응(social response)

음악은 인간의 사회적 관계에도 영향을 미친다. 음악이라는 매개체를 통하여 환자는 자신을 인식하게 되고, 더 나아가 타인과 환경에 대해서도 반응하게 된다. 미학적인 관점으로 볼 때 음악은 아름답고 즐거운 경험을 주는 매개체이므로 언어능력이 제한된 사람에게도 즐겁고 성공적인 사회적 경험을 가지게 할 수 있다.

말로 표현하기 힘든 상황에서도 우리는 음악을 통해 자신의 감정을 쉽게 표현할 수 있으며, 또 상대방으로 하여금 그것을 자연스럽게 받아들이도록 할 수 있다. 즉, 환자는 치료사와 함께 연주하면서 기쁨, 슬픔, 분노와 같은 자신의 감정을 음악으로 표현할 때 그 감정은 음악을 통해 치료사에게 전달되고 치료사의 음악적 지지는 환자에게 감정적 지지로 인식된다. 거의 말을 하지 않는 자폐아동도 음악적으로 치료사와 관계를 맺을 수 있으며, 이러한 음악적 관계는 곧 사회적 관계로 발전하게 된다. 또한 음악은 언어로는 표현하기 어려운 무의식의 잠재된 내면의 문제들을 음악 안에서 표현하도록 돕는다. 음악적 표현은 새로운 자아인식으로 연결되고, 자아인식과 연결된 자기표현은 그룹치료 안에서 다른 사람들과 함께 하는 사회적 교류로 이어지게 된다.

여기에서 음악은 환자의 사고와 내적감정을 표출할 수 있는 통로역할을 하게 되는데, 환자는 말로 표현하기 어려운 자신의 사고와 내적 감정들, 즉 사랑, 분노, 불안, 우울, 갈등, 좌절 등의 다양한 감정들을 악기연주나 노래 부르는 활동을 통해서 보다 자연스럽게 표출할 수 있다. 개인의 문제를 말로 이야기하는 것은 어렵지만, 음악을 듣거나 연주하면서 음악적 경험을 함께 나누는 활동을 통하여 환자는 음악 안에서 다른 사람들과 사회적 관계를 맺으며 교류하게 된다.

4) 음악의 기능

메리암(Merriam, 1964)은 음악의 10가지 기능을 통해 사람들이 음악을 사용하는 이유와 음악의 사회문화적인 기능을 다음과 같이 설명하였다.

- 음악은 말로 표현하지 못하는 감정을 쉽게 표출시킨다.
- 음악은 미적인 즐거움을 더해준다.
- 음악은 오락의 방법으로 제공된다.
- 음악은 의사소통의 방법으로 이용된다.
- 음악은 상징적인 표현으로 제공된다.
- 음악은 신체적 반응을 유발시킨다.
- 음악은 사회규범과 관련된다.
- 음악은 사회기관과 종교의식을 확인시킨다.
- 음악은 사회의 문화와 연속성에 기여한다.
- 음악은 사회의 통합에 기여한다.

5) 음악치료의 대상 영역

- 정신질환자를 위한 음악치료
- 자폐아를 위한 음악치료
- 정신지체인을 위한 음악치료
- 신체장애인을 위한 음악치료
- 감각장애인을 위한 음악치료
- 학습장애인을 위한 음악치료
- 노인질환자를 위한 음악치료
- 뇌손상 및 뇌졸중 환자를 위한 음악치료
- 치매노인을 위한 음악치료
- 수감환자를 위한 음악치료
- 비행청소년을 위한 음악치료
- 스트레스 대응훈련 및 대인공포 환자를 위한 음악치료

6) 음악치료의 목적

음악치료에서는 클라이언트(client)의 기능과 병적 상태를 진단한 후에 각 개인의 필요에 따라 음악치료의 목적이 설정되며, 각 영역별로 적용되는 음악치료의 목적은 다음과 같다.

- 인지영역 : 자극을 통한 창의력 향상, 기억력·집중력 향상, 현실인식 향상, 판단력 향상
- 운동영역 : 대 · 소 근육운동기능, 호흡, 균형, 민첩성, 이동기술, 긴장이완, 리듬반응 · 협응
- 정서 · 사회영역 : 자기표현, 언어교류, 지시수행능력, 사회적 상호작용, 자긍심, 충동조절
- 언어영역 : 수용언어, 표현언어, 언어의 정확도와 세기 강화

7) 음악치료의 방법

음악활동 방법으로는 노래 부르기/찬트(singing/chanting), 음악연주(music performing),

음악 감상(music listening), 악기 연주하기(music & playing), 노래 토의(song communication), 노래회상(song reminiscence), 노래 즉흥연주(song improvisation), 기악 즉흥연주(instrumental improvisation), 노래 만들기(songwriting), 음악과 동작(music & movement), 음악과 이완(music & relaxation), 음악게임(music game), 유도된 심상과 음악(guided imagery and music) 등이 있다.

(1) 노래를 사용한 음악치료

노래의 의미

- 노래는 인간의 사고와 감정이 담긴 언어로서의 가사와 음악의 요소인 선율과 리듬의 결합이다.
- 가사는 인지(cognition), 선율은 정서(emotion)를 나타내므로 노래는 인지와 정서의 결합이다.

노래의 치료적 기능

노래는 목소리를 사용한 감정표현의 방법으로 사용되며 의사소통의 역할을 한다. 노래는 감정 표현이나 의사소통에 있어서 언어에 비해 직접적으로 표현되지 않고 간접적으로 표현됨으로써 환자에게 좀 더 편안한 치료적 환경을 제공해준다. 즉, 치료에서 노래는 환자의 내면의 문제를 말로 직접 표현하지 않고 노래를 통해서 객관적으로 표현하기 때문에 환자는 자신을 직접 드러내지 않는다는 점에서 부담을 가지지 않는다. 이러한 치료적 환경은 치료사와 환자 사이에서 긍정적인 관계를 맺게 해주고, 환자는 자유로운 내적 경험을 가지게 할 수 있다. 또한 치료사와 환자의 치료적 관계가 표면적 수준에 머무는 것이 아니라 심리적으로 깊이 개입하여 치료적 관계를 맺을 수 있다.

치료에서 노래는 자신의 감정을 표현하고 타인의 감정을 수용하는 매개체로 사용될 수 있다. 노래가사를 통해서 환자는 자신의 내면의 문제와 정서를 확인할 수 있으며, 노래에서 다루어지는 내용은 감정이입을 통해 음악 안에서 함께 경험하고 공감할 수 있다. 즉, 환자는 노래를 통해서 자신을 돌아볼 수 있게 되며 자신과 비슷한 고통을 받고 있는 사람들의 삶을 노래 안에서 재경험해 봄으로써 자신의 문제를 타인의 입장에서 바라볼 수 있는 기회를 가지게 된다. 따라서 노래는 가사를 통해 무의식적으로 나타나는 심리적 갈등을 확인하고 이해할 수 있는 기회를 주며, 이러한 문제에 대해서 새로운 시각을 갖도록 해주고 해결방법을 얻도록 도와준다.

노래의 음악적 요소들은 환자를 즐겁게 해주고 아름다움을 느끼게 해주어 긍정적인 정서를 가지도록 도와준다. 목소리는 의사소통에 있어서 가장 중요한 매개체로 그것은 개인의 심리적, 신체적 상태의 표현이 된다. 노래는 목소리가 악기가 되어 환자의 사고와 감정이 멜로디와 리듬, 화성과 음색을 통해서 표현되어지기 때문에 의사소통의 수단으로서 상징성을 가지고 의미를 전달하게 된다. 따라서 노래에서 사용되고 있는 멜로디의 악구(phrase)는 언어의 문장을 반영하고, 쉼표(rests)는 호흡을 반영하고, 음의 높낮이(pitches)는 억양을 반영하며, 리듬은 말의 강세, 길이, 빠르기와 매우 유사하다. 그러므로 노래는 멜로디, 리듬, 화성, 박자 등을 이용하여 환자의 의식과 무의식, 내적 갈등을 노래 안에서 자연스럽게 투사하도록 유도하며 환자가 자신의 내면의 문제들을 확인하고 해결해나가도록 한다(Bailey, 1984).

또한 노래 부르기는 음악치료에서 호흡훈련의 치료적 도구의 일환으로 사용될 수 있다. 이는 노래를 부르는 동안 악구(phrase)를 시작하고, 멈추는 과정에서 박자에 맞추어 적절히 호흡하는 능력과 호흡 에너지를 보존하는 능력을 습득할 수 있기 때문이다. 노래를 부를 때는 폐 용량의 약 90%가 사용된다(Bolger, 1984).

발성장애나 발음장애를 가진 사람들에게 노래 부르기는 발성과 발음이 어려운 낱말을 발음할 수 있도록 도와준다. 가장 초보적인 수준에서도 발성훈련을 하면 목소리의 음질을 향상시킬 수 있고, 노래 부르는 활동은 에너지를 활성화시켜서 언어장애 환자의 언어구사 능력이 향상되도록 도와주는데, 언어구사 능력이 향상되면 더 나아가 의미 있는 단어를 말하는 언어 능력에도 영향을 미치게 된다.

즉, 언어장애 환자가 일단 멜로디와 리듬패턴의 흐름에 익숙해지면 환자는 다른 사람에게 수용되고 인정받을 수 있는 전언어적인 소리(preverbal sound), 한 낱말, 또는 몇 개의 낱말 등을 발성하게 되는데, 이는 언어장애 환자에게 성취의욕을 주어 새롭게 의사소통할 수 있는 동기가 부여된다. 따라서 노래의 멜로디와 가사는 언어장애 환자의 의사표현과 의사소통에 매우 긍정적인 영향을 미치게 되는 것이다.

이와 같은 이유에서 노래는 환자의 사고와 감정을 변화시켜서 신체적인 기능과 심리적인 면은 물론, 인지적, 행동적인 측면에까지도 긍정적인 영향을 미치기 때문에 노래는 치료에서 다양하게 사용되고 있다. 노래의 치료적 기능은 다음과 같다.

- 노래는 언어로 의사소통하는 것보다 훨씬 더 효과적으로 관계맺음을 하도록 돕는데, 치료사와 환자, 환자와 환자 사이에서 관계를 맺어준다.

- 노래는 환자가 자신의 내면의 문제를 깊이 탐색할 수 있도록 편안한 구조를 제공한다.
- 노래는 환자의 심리적 반응을 이끌어내는 촉매제로 사용될 수 있다.
- 노래는 정서를 자극하므로 환자의 기능 수준에 관계없이 치료적으로 적용할 수 있다.
- 노래를 통해서 환자는 자유로운 내적 경험을 가질 수 있다.
- 노래는 자신의 감정을 표현하고 타인의 감정을 수용하는 매개체로 사용될 수 있다.
- 노래를 통해 언어 자극을 유도할 수 있으며, 노래는 의사소통의 역할을 한다.
- 반복되는 멜로디와 가사로 이루어진 노래는 교육적으로 기억 · 인지 기능을 발달시킨다.
- 노래는 문화와 삶을 반영해주기 때문에 회상을 유도한다. 어떠한 사건, 인물, 상황을 연상케 하거나 환자 개개인에게 특별히 의미 있는 노래를 사용할 수 있다.
- 노래가사에는 어떤 메시지를 담고 있기 때문에 숨겨진 문제(issue)를 발견할 수 있도록 도와주어 내적 성숙을 이루게 한다.
- 노래는 삶의 다양한 부분들을 내포하고 있으므로 내면의 문제를 객관적으로 볼 수 있도록 해준다.

(2) 악기 연주하기(instrument playing)

치료에서 악기를 사용하는 이유는 악기연주가 환자의 정서에 영향을 줄 수 있고, 감정 표현의 배출구가 될 수 있기 때문이다. 일반적으로 음악치료 안에서 악기연주는 3단계로 이루어진다. 1단계는 치료사와 환자가 신뢰를 맺고 악기를 탐색하게 되는데, 이때 치료사는 환자의 성향을 진단하게 된다. 2단계는 악기연주를 통하여 환자는 다양한 음악적 경험을 가지게 되고 정서를 표현하게 된다. 3단계는 환자의 문제를 정리하고 타인과 교류할 수 있도록 도와준다. 악기연주의 장점은 다음과 같다.

첫째, 악기연주는 환자의 내재된 부정적인 감정을 안전하게 표출할 수 있게 해주는 유용한 도구로 사용된다. 악기를 가지고 연주하는 것 자체가 환자에게 흥미를 주는 활동이기 때문에 환자는 악기연주를 통해서 자신의 감정을 자유롭게 마음껏 표출할 수 있다. 악기연주의 가장 큰 치료적 기능은 카타르시스 즉, 감정의 정화이다. 카타르시스란 마음속에 내재된 부정적인 감정을 배출하여 정화시키는 것을 의미한다.

둘째, 악기연주는 환자가 음악활동에 주의집중하도록 하여 부적절한 행동을 감소시키며, 성취감을 주어 긍정적인 정서를 가지게 한다. 예를 들어, 핸드벨은 각각의 음계를 가지는 멜로디 악기로서 환자가 벨을 손에 쥐고 노래의 음계에 따라서 연주하는 과정에서 눈과 손, 손과 팔의 협응을 통해 환자는 노래의 멜로디와 리듬의 음악적인 요소에 주의집중하게 된다. 즉, 환자는 그룹에서 동료들과 함께 음악을 만드는 과정에서 다른 사람의 소리에 주의를 기울이고 자신이 맡은 역할에 책임을 다하며 지시를 따르게 되는데, 이러한 활동은 책임감과 협동심, 그리고 높은 주의집중력을 필요로 하게 된다. 환자가 이러한 과정을 거치며 음악을 완성시킬 때 이로 인한 성취감은 자신감으로 이어진다.

셋째, 치료사는 악기를 사용하여 환자의 기능적인 신체 움직임을 회복하는데 도움을 줄 수 있다. 예를 들어, 손가락의 움직임이 어려운 환자에게 키보드 연주를 통해서 손가락의 움직임을 향상시킨다거나 타악기 연주로 눈과 손의 협응을 훈련하고 팔꿈치, 어깨, 혹은 손목 움직임의 범위를 넓히며, 근육의 힘을 강화시키는 등 다양하게 적용될 수 있다. 치료적 악기연주(TIMP)에서 탬버린은 흔히 손으로 연주하지만 다리근육 강화를 위해서 발로 차거나 무릎으로 치게 할 수도 있다. 또한 악기는 환자의 기능에 맞게 개조하여 사용하기도 하는데, 이 경우 악기를 연주할 때는 환자의 신체기능 상태에 따라서 템포를 조절하며 연주하는 것이 중요하다.

넷째, 악기의 소리는 환자의 노력에 대한 보상으로 작용할 수 있다. 예를 들어, 손과 팔의 힘이 약한 환자가 무거운 악기를 들고 큰 소리를 냈을 때, 자신이 들고 있는 악기가 크게 소리 나는 것을 확인하면, 그 소리 자체가 환자자신의 노력에 대한 보상이 될 수 있다.

다섯째, 악기를 통해서 신체의 동작을 지속적으로 반복하여 훈련하면 근육이 전 과정을 기억하여 복잡하고 어려운 동작을 쉽게 할 수 있다. 예를 들면, 피아니스트가 빠른 손동작으로 음역을 이동하며 복잡한 음악을 섬세하게 연주하는 것은 음악훈련을 받은 운동기억이 근육에 저장되어 있기 때문이다.

이와 같이 음악치료에 있어서 악기연주는 부정적인 감정을 안전하게 표출할 수 있게 해주고, 주의집중할 수 있게 해주며, 다양한 악기로 연주하는 활동을 통해서 긍정적인 정서적 경험을 가지도록 도와준다. 악기연주는 다음과 같은 효과를 나타낸다.

- 악기연주는 즐거움과 성취감을 주어 긍정적인 정서를 가지게 한다.
- 악기연주는 부정적인 감정을 안전하게 표출할 수 있게 해준다.
- 악기연주는 신체의 운동기능을 활성화시킨다.
- 악기연주는 눈-손, 귀-손의 협응을 향상시킨다.
- 악기연주는 청지각 · 시지각 · 촉지각을 발달시킨다.
- 악기연주는 음악활동에 주의집중하도록 하여 부적절한 행동을 감소시킨다.
- 악기연주는 환자가 음악을 만들 수 있는 기회를 제공한다.

- 악기연주는 타인과 교류할 수 있도록 도와준다.
- 악기연주는 개인과 집단을 응집시킨다.

8) 음악치료 Activity

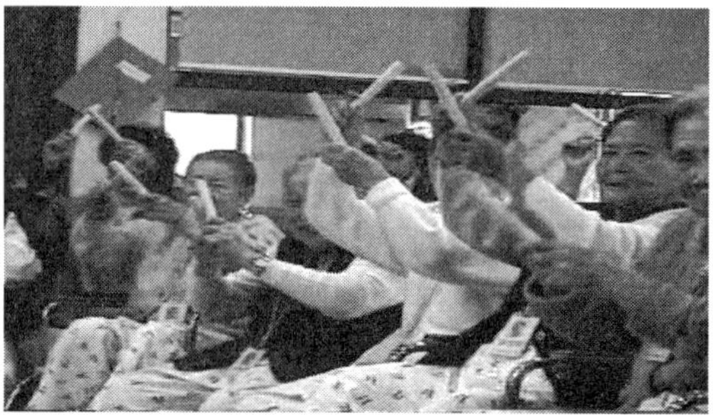

2. 노인을 위한 음악치료

1) 고령사회와 성공적인 노화

21세기에 접어들면서 전 세계적으로 가장 큰 변화는 노인인구의 급속한 증가이다. 이러한 세계의 고령화 속에서도 한국은 OECD(경제협력개발기구) 회원국 가운데 고령화 속도가 가장 빠르게 진행되고 있으며, 2006년 현재 65세 이상의 노인인구가 전체 인구의 9.3%로 고령화 사회(aging society)로의 진입기준인 7%를 넘긴 상태이다. 또한 오는 2019년에는 14.4%에 달하여 고령사회(aged society)가 되고 2032년에는 20%가 넘는 초고령사회(super-aged society)가 될 것으로 예측되고 있다(통계청, 2006).

이러한 노인인구의 급격한 증가는 노인의 수적인 변화뿐만 아니라 질적인 변화를 의미하기도 한다. 즉, 고령화 사회는 노인인구의 질적, 양적 변화, 노년기의 연장 등이 그 특성으로 나타나고 있다. 노인인구의 양적 증가는 그 사회가 부양해야 하는 인구가 그만큼 늘어난다는 의미인 동시에 반대로 그들을 부양해야 할 생산연령 인구는 상대적으로 감소한다는 의미를 갖는다. 또한 노인인구의 질적 변화는 사회적 역할상실, 삶의 질 향상, 심신건강의 증진 등의 문제와 관련되어 나타나는 현상을 의미한다.

이러한 관점에서 고령사회에서 예측되는 중요한 문제는 노인들의 정신적, 신체적 건강의 문제이다. 노인들은 노화로 인한 기능의 쇠퇴와 더불어 현대사회가 초래하는 고도의 과학화와 현대화에 따른 산업화, 도시화, 핵가족화, 부양관계의 파괴 및 전통적 효에 대한 가치관의 변화 등에 직면하고 있다.

특히 노인의 신체적인 문제는 노화와 함께 오는 만성적 노인성 질환이다. 만성적 노인성 질환의 대표적인 특징은 질병과의 경계가 모호하며, 증상은 3가지 이상 복합적으로 나타난다. 이는 노인의 신체적, 정신적 건강의 문제와 더불어 좌절과 혼란으로 인한 무기력감과 자기애가 부족한 자아정체감의 심리적인 부분에 부정적인 영향을 미치게 된다.

노년기를 어떻게 받아들이고 스스로에 대한 인식이 어떠한지 역시 노인들의 건강에 매우 중요한 영향을 미친다. 자신이 건강하다고 느끼는 노인들은 보다 긍정적인 자아상을 가지고 있다. 이들은 더 적극적이고 행동력이 있으며 인정받기를 원하고 독립적인 성향을 가진다.

Rowe와 Kahn(1998)은 성공적인 노화와 성공적이지 않은 노화의 차이를 단순히 질병이 있는 상태와 질병이 없는 상태로 구분하는 것만으로 성공적 노화의 개념을 충분히 설명할 수 없다고 보았다. 성공적인 노화를 위해서는 첫째, 질병과 장애와 관련된 위험수준이 낮아야 하며, 둘째, 높은 수준의 정신적, 신체적 기능을 유지하고, 셋째, 적극적인 인생 참여의 태도를 지닐 것 등의 세 가지 요소들을 주장하며, 정신적, 신체적 건강을 유지하기 위한 라이프스타일의 중요성을 강조했다.

즉, 적절한 식습관, 운동 등 신체적 건강을 유지하기 위한 노력과 관심, 정신적 기능을 유지하기 위한 학습과 자기개발, 그리고 활발한 사회참여와 사회에 대한 기여 등이 성공적인 노화를 가능하게 만드는 라이프스타일이며, 아무리 고령이라도 라이프스타일을 바꾸면 질병에 걸릴 위험요인을 안고 있는 보편적 노화에서 최적의 건강과 활력의 상태인 성공적 노화로의 전환이 가능하다고 보았다.

따라서 이제 현대를 살아가는 노인들은 이전의 의존적이고 만성적인 질병을 가진 부정적인 모습으로 그려진 노인의 삶과는 다른, 보다 건강하고 활동적이며 자신의 삶에 잘 대처하는 긍정적인 모습으로의 변화를 위한 노력이 요구된다.

2) 음악치료의 원리

우리가 생활에서 접하는 모든 음악은 정서적인 행동과 다양한 감정의 변화를 불러일으킨다. 음악치료에서 음악은 인간의 무의식의 측면과 의식의 측면을 다루며, 자신의 문제를 발견하고 처리함으로 자신을 더 잘 이해할 수 있도록 돕는다. 즉, 음악은 언어로 표현하기 어려운 무의식의 잠재된 내면의 문제들을 비언어적인 음악으로 표현하도록 도와줌으로써 정서 · 사회적으로 반응을 유발하는데, 음악 안에서 이루어지는 다양한 자기표현은 새로운 자아인식과 자기표현을 가지게 함으로써 결국 사회적 교류를 확대시킨다.

이러한 음악활동은 노인들 스스로가 자신이 누구인지, 또 무엇을 할 수 있는지를 알게 함으로써 삶의 직관력 형성에 큰 도움을 주며, 이러한 과정을 통해 평소에 표현하지 못했던 생각이나 감정을 자연스럽게 표출함으로써 불안이나 우울, 분노 등의 부정적 정서에서 벗어나게 한다. 또한 음악은 음악활동 안에서 동기를 유발하고 유대감을 이루도록 하여 다른 사람들과 함께 공유하는 음악적 경험으로 바람직한 행동으로의 변화를 유도한다.

음악이 인간행동을 변화시킨다는 것은 다양한 음악적 경험이 인간의 내적 동기를 자극하여 음악적 행동을 유발한다는 것을 의미한다. 실제로 음악 그 자체와 음악을 구성하는 요소들은 인간이 지각할 수 있는 범위 안에서 가장 폭넓은 경험을 하도록 도와주며, 다양한 리듬과 화성적인 구조로 표현되는 음악은 언어로 표현될 수 없는 정서적인 경험을 가지게 한다. 다양한 음악적 경험은 쾌락적 가치와 미적인 경험을 가지게 하고 이러한 심미적 경험과 내적 가치들은 음악적 행동을 일으키는 내적 동기를 활성화시켜 그의 정서 상태에 영향을 미치게 되는 것이다. 따라서 음악치료 안에서의 음악은 단순히 즐거운 음악활동으로 그치는 것이 아니라 노인들에게 바람직한 행동변화와 긍정적인 정서경험을 가지도록 도와주는 치료적인 역할을 하게 되는 것이다.

Altschuler(1954)는 음악적 자극이 인간의 정서를 유발시키는 경로에 대해 설명하였다. 청각적 자극은 음의 전달이 시상과 시상하부를 거쳐 대뇌피질이라는 뇌의 전달경로를 통해 느껴지게 된다. 이때 내이의 와우를 거쳐 외부에서 들어오는 음은 시상과 시상하부에서 인간의 정서나 감정을 유발하고 그것이 자율신경을 매개로 하여 신체 각 기관의 기능에 직접 영향을 미치게 된다는 것이다.

음악이 미치는 생리적인 영향력을 이해하기 위해서는 첫째로 음악이 중추신경 기능에 어떻게 연결되어 감정을 불러일으키고 긴장과 이완의 반응을 가져오는지에 대한 이해가 선행되어야 하며, 둘째는 운동력에 대한 반응으로 음악이 어떻게 운동력에 영향을 미치며 신체재활에 음악이 어떤 역할을 하게 되는지에 대해 알아야 한다. 셋째로, 자율신경의 반응과 신경전달과 관련된 뇌파 파장의 변화를 가져오는 음악과의 상관관계를 알아야 한다. 음악은 다른 모든 소리와 마찬가지로 공기 진동의 형태로 이도를 통해 고막에 와 닿는다. 이 공기의 진동은 고막이라는 얇은 막을 진동시키면서 물리적인 진동으로 바뀌게 된다. 이 진동은 고막과 연결된 세 개의 고실뼈(hammer, anvil, stirrup)를 거치며 증폭되는데 이 진동은 마침내 달팽이관이라 불리는 와우각(cochlea)에 와서 액체운동으로 바뀌게 된다. 이 와우각 속에는 기저막이 있어서 와우각을 두 부분으로 나누고 있는데, 기저막에는 약 30,000개의 털세포로 된 말초신경이 연결되어 진동을 감지하여 대뇌로 전달해준다.

음악적 경험은 변연계(limbic system)의 기능과 밀접하게 연관되어 있는데, 각 기관의 특정한 역할을 음악적 활동과 관련지어 생각해보면 다음과 같다.

변연계(limbic system)는 감정과 기억에 관여하며, 대뇌(cerebrum)의 귀의 위쪽 안으로 아래 기저부에 위치하고 있으며, 변연계는 감정변화에 따라 행동이나 내분비계를 변화시키는 시상하부(hypothalamus), 감정을 조절하는 편도체(amygdala), 기억의 임시 저장고인 해마(hippocampus), 호르몬을 생산하고 혈관으로 분비하는 뇌하수체(pituitary gland), 운동을 제어하는 기저핵(Basal Ganglia) 등으로 구성되어 있다. 즉, 대뇌피질은 고도의 사색기능, 판단기능, 창조적 정신기능 등의 고등 정신활동을 하는 곳이며 운동과 감각을 주관한다. 이에 비해 변연계는 본능행동과 정서생활을 통제하며 행동, 의욕, 학습과 기억과정에도 깊이 관여한다.

시상(thalamus)은 감각기관으로부터 정보를 받아들이고 뇌의 다른 영역으로 정보를 보내는 일을 하는데, 음악적 자극은 정서, 감각, 감정을 관할하는 시상에 직접적으로 영향을 준다. 달걀이 두 개 있는 것 같은 모양의 시상에는 불수의 운동과 관계되는 신경세포의 무리가 있는 여러 감각정보의 중간 경유지이다. 보고, 듣고, 느끼고 냄새 맡는 것과 함께 체온, 혈압, 맥박, 심장박동, 소화작용 등의 모든 생리적 기능들은 변연계의 시상에 전달된다. 시상은 두 가지 정보가 합쳐지는 지점에 위치하여 그것을 통합하는 동시에 신체가 외부 세계에 잘 적응하도록 생리적 기능을 조절한다.

시상하부(hypothalamus)는 체온을 조절하고 심장박동 속도, 수면과 허기, 갈증, 통증과 뇌하수체 호르몬을 생성하며 성적인 반응을 보이는 곳이다. 음악은 이 시상하부를 자극하여 자율신경에 영향을 미치며, 그 결과 행동에도 영향을 준다. 또한 시상하부는 뇌에서 가장 바쁜 곳으로 우리 몸의 항상성(homeostasis)을 유지하는데도 깊이 관여하는데, 항상성이란 복원력이란 뜻으로 원래의 상태로 되돌아가려는 경향을 말한다.

편도체(amygdala)는 행동과 주관적인 감정경험에 영향을 미치며, 과거의 기억과 습관을 뇌로 전달하는 역할을 한다. 예를 들어, 연주자가 연주할 때 몹시 긴장하거나 두려움을 느끼는 것은 과거에 연주했던 기억들이 자동적으로 떠올라서 긴장하게 되는 것이다.

해마(hippocampus)는 단기적으로 기억된 것(short-term memory)을 장기적으로 기억(long-term memory)하도록 저장(storage)하는 역할을 한다. 즉, 해마는 단기 기억력을 발달시키고 정보를 영구적으로 저장하는 역할을 한다. 해마는 뇌의 측면 안쪽에 양 옆으로 하나씩 위치하고 있다. 시각, 청각, 촉각 등의 5감각을 통해 들어온 여러 가지 자극들은 일단 해마를 거쳐야 비로소 기억의 형태로 저장이 된다. 해마는 과거의 기억이 저장되는 장소는 아니지만 새로운 기억을 저장하는 '학습과 기억'에 중요한 부분으로 해마에서 중요한 정보라고 인식되는 것은 대뇌피질로 보내져 장기기억화된다. 특히 감정과 연관된 정보일수록 더욱 강력하게 저장되는데, 그것은 해마 바로 옆에 붙어 있는 편도체가 감정을 담당하기 때문이다.

여성이 남성보다 감성이 풍부하고 감정변화가 더 심한 것은 해마와도 밀접하게 연관된다. 여자는 사소한 것까지도 남자보다 잘 기억한다. 남자가 무심코 던진 말 한마디를 여자가 평생을 간직하고 잊지 못하는 것은 편도체와 해마의 크기가 클 뿐만 아니라 감정적 기억(emotional memory)을 바로 해마에 저장시키기 때문이다.

기저핵(basal ganglia)은 대뇌반구의 중심부위에 위치한 큰 핵의 집단으로 몸의 균형과 운동기능을 통제한다. 기저핵은 부분적으로 시상을 둘러싸고 있고, 변연계의 옆에 위치하며 도파민을 생산하는 흑질(substania nigra)을 포함하는데, 반복적 행동(repetitive behavoirs), 주의집중, 보상심리 등에 관여한다.

우리의 대뇌는 오른쪽과 왼쪽의 2개의 반구로 나누어져 있다. 일반적으로 왼쪽 뇌는 언어, 읽기, 쓰기 숫자개념이나 논리적인 분석능력과 관련되며, 오른쪽 뇌는 창의적인 활동, 사고나 정서를 담당하는데, 음악은 오른쪽 뇌와 변연계(limbic system)를 자극하여 강한 정서반응을 일으킨다고 알려져 있다. 즉, 시상하부와 시상이 외부의 감각기관으로부터 받은 message를 자율신경으로 전달하는데, 이것이 결국 심리적 · 생리적인 반응으로 나타나게 되는 것이다. 음악치료에서는 감정경험(emotional experience)과 감정교류(emotional communication)의 과정에서 정서변화의 단계를 거치며 치료목적을 달성하게 된다.

3) 음악치료의 적용

음악치료가 노인들에게 효과적으로 사용되는 것은 그동안 시설노인, 치매노인, 뇌졸중노인 등 다양한 영역에서 성공적인 임상효과를 보이면서 음악이 노인들의 신체 재활은 물론 심리 · 사회적인 영역에서도 유용하게 사용되어졌기 때문이다. 음악치료에서는 노인들에게 빈곤, 질병, 역할상실에서 오는 소외감, 고독감 등의 문제를 해결하는데 필요한 여러 가지 활동을 제공하면서 음악을 통하여 노인들이 보다 건강하고 만족스러운 노후생활을 가질 수 있도록 도와준다.

즉, 음악 안에서 긴장이완이나 리듬 반응과 같은 신체운동기능을 조절할 수 있고, 음악적 구조 안에서 제시된 정보를 받아들임으로써 기억력, 집중력과 같은 인지기술을 강화시킬 수 있으며, 그룹 안에서의 음악활동은 그룹의 구성원들과의 관계 형성과 사회적 기술을 향상시키고, 감정변화를 통하여 긍정적인 정서를 가지게 하고, 음악활동 안에서 만족감을 느끼며 자긍심을 가지게 할 수 있다.

또한 음악치료는 감각자극을 제공함으로써 노인의 삶의 질을 증진시키고, 정신적 신체적 퇴행을 늦추거나 예방하는데 도움을 준다. 특히 음악은 노인전문병원이나 요양원 같은 전문 요양시설에 기거하는 노인들에게 환경을 지루하지 않게 만들어주고, 대인관계를 향상시키며, 고립감을 감소시킬 수 있다.

이와 같이 음악치료는 노인들의 삶의 황혼기에 자신의 삶을 돌아보는 기회를 가지게 하고 남은 여생을 삶의 질 향상을 위해 적용되어지며, 노년기에 빈번하게 발생하는 신체적 질환을 예방하고 회복하도록 도와주고, 각종 질환으로 인한 심리적 불안감과 우울감을 극복하는데 중요한 역할을 한다. 노인의 질병은 일반인과 달리 여러 질환을 복합적으로 가지고 있는 경우가 많이 있으므로 음악치료는 노인의 기능에 맞는 활동계획을 세워서 치료목적을 달성하게 된다.

따라서 음악치료 활동은 노화로 인한 신체적 장애를 유지 및 회복시키고, 노인의 잔존기능을 유지하도록 도와주며, 더 나아가서 삶의 질을 향상시키는데 목표를 둔다. 전문요양시설에 기거하는 노인들에게는 감각운동훈련, 불안감소, 우울감소, 팔다리의 힘, 신체운동기능의 범위증가, 대인관계 증진, 장기 · 단기기억능력 향상, 인지기능 향상, 언어능력 향상, 현실 소재인식능력 향상, 자존감 향상, 긴장이완, 스트레스 감소 등을 목표로 치료활동을 한다.

4) 노인음악치료의 적용대상

노인음악치료의 대상은 일반적으로 정상노인, 노인질환을 가진 노인, 장애가 심한 노인의 3개의 영역으로 나누어지며, 여기에 가족이나 간병인을 위한 음악치료를 추가할 수 있다.

정상노인

질환이 없는 정상 노인들에게는 자기재발견, 창의적인 활동, 그리고 자긍심 회복에 목표를 두고 음악치료를 적용할 수 있다. 양로원과 노인복지기관에 거주하는 노인들은 비슷한 나이의 동료들과 함께 사회적인 관계를 유지하며 외롭지 않게 살아갈 수 있지만 개개인의 개성이 존중되지 못하기 때문에 자신에 대한 가치나 자긍심이 상실될 수 있다.

음악활동 중에서도 성악렛슨이나 기악렛슨은 노인들의 자긍심을 향상시키고 근육운동기능을 향상시킬 수 있다. 그러나 이런 활동은 음악을 좋아하고 음악에 관심을 보이는 노인들에게만 가능하다. 또한 음악과 함께 걷기 운동을 하는 것과 에어로빅을 하는 프로그램은 신체 근육운동기능을 강화시켜 준다.

노인질환을 가졌으나 자신을 돌볼 수 있는 노인

약간의 노인질환을 가지고 있지만 그래도 스스로 자신을 돌볼 수 있는 능력이 있는 노인들에게 음악치료를 적용할 수 있다. 노인질환을 가진 노인들은 의료검사나 규칙적으로 약을 복용하고 치료해야 하기 때문에 환경의 통제를 받게 되며, 무력감을 느낄 수 있다. 또한 가깝게 지냈던 친구들을 만나고 싶어도 정해진 스케쥴과 프로그램으로 인해 제약을 받게 된다. 이들은 환경의 제약을 받는 상황에서도 자기 가치를 알고 자긍심을 회복하여 자신의 역할을 찾는 것이 필요하다.

장애가 심한 노인환자

치매를 포함하여 의료와 사회의 보살핌을 필요로 하는 장애가 심한 노인환자들을 대상으로 음악치료를 적용할 수 있다. 이들은 자신이 처한 환경이 죽기 전에 대기하는 마지막 장소라고 생각하여 극히 수동적으로 환경에 따라가는 것을 볼 수 있다. 따라서 이런 노인들에게는 현재 자신이 처한 환경에 잘 적응할 수 있도록 도와주며, 각자의 삶을 긍정적인 방향으로 전환시켜 삶의 질을 높여주는 것이 필요하다.

이와 같이 노인들을 세 가지 그룹으로 나누어 구분했지만 실제로는 이들이 함께 거주하는 경우도 많이 있다. 노인들에게 가장 필요한 것은 이들이 처한 환경에서 재활할 수 있도록 도와주며, 창의적인 활동을 통해서 자기 가치를 찾고 우울감에서 벗어나게 해주는 것이다.

노인의 질병은 일반인과 달리 여러 질병을 복합적으로 가지고 있는 경우가 많이 있기 때문에 음악치료는 노인의 기능에 맞는 활동계획을 세워서 치료 목적을 달성해야 한다. 일반적으로 음악치료 프로그램이 효과적으로 적용되기 위해서는 개개인의 능력과 음악성을 고려하고, 창조적으로 활동할 수 있는 프로그램을 만드는 것이 중요하다.

5) 요양원 및 시설거주 노인

의학적 질병이 없는 노인들과 함께 거주하는 양로원에서는 다른 동료들과 함께 사회적인 관계를 맺기 때문에 고립되어 살아가지는 않지만 요양원 환경은 엄격히 통제되어 있으므로 요양원에서 살고 있는 노인들은 직원들의 관리 감독을 받으며, 활동이나 식단 선택권도 제한 받는다. 또한 많은 노인들은 양로원을 죽음의 대기 장소라고 생각하여 우울증과 고독감에 빠진다.

이와 같이 시설에서 거주하는 노인들은 시설에서 일어나는 여러 가지 문제점, 즉 룸메이트(room mate)와의 관계, 독립적이지 못한 생활 등으로 각자 자신의 문제와 욕구상실로 자존감이 저하되어 있는데, 이러한 문제는 정서불안과 기억상실, 수동적인 생활, 그리고 사회적 관계의 부족 등으로 나타난다. 따라서 음악치료는 이러한 노인들에게 정신적 · 신체적인 기능을 유지하고 자긍심을 회복시키며, 삶의 질을 향상시킬 수 있도록 도와주기 위해서 효과적으로 사용된다.

6) 노인을 위한 음악치료 목적

- 팔 · 다리의 힘을 강화시키고 근육운동기능의 범위를 증가시킨다.
- 대인관계를 향상시킨다.
- 회상을 돕는다.
- 장기기억 기능을 자극하여 단기기억력을 향상시킨다.
- 단기기억 기능을 자극하여 정신혼란을 감소시킨다.
- 인지기능을 향상시킨다.
- 현실소재인식 능력을 향상시킨다.
- 자긍심을 높여준다.
- 언어능력을 향상시킨다.
- 긴장을 이완시키고 스트레스를 감소시킨다.
- 스스로의 위생관리를 향상시킨다.
- 감각기능을 증진시킨다.
- 불안감과 우울감을 감소시킨다.
- 부적응 행동을 감소시킨다.

7) 음악치료에서의 진단평가

음악은 노인들을 위한 진단평가에서 중요한 역할을 한다. 노인들의 움직임이나 목소리, 또는 악기를 이용한 즉흥연주, 그리고 악기연주나 음악감상과 같은 활동을 통하여 의사소통능력, 집중력, 기억력, 감정, 행동, 감각운동지각능력 등의 영역에서 노인들이 할 수 있는 부분과 할 수 없는 부분들을 진단할 수 있다.

이들에게는 노래부르기, 악기연주, 음악감상 등의 음악활동을 통하여 노인들의 감각운동기능, 대근육 · 소근육운동기능, 기억력, 집중력, 언어능력, 감정, 현실소재인식능력, 동기유발, 음악선호도와 음악적 능력 등을 모두 진단한 후에 그 결과에 따라서 치료목적이 설정된다. 음악치료는 치료목적을 세우는 것이 가장 중요하며, 이에 따른 치료활동은 단계적인 과정을 거쳐서 시행된다. 또한 각 사람의 음악선호도나 음악적 자질, 또는 노인들의 욕구나 장 · 단점이 진단평가 과정에서 파악되면 음악치료사는 이에 따른 음악치료 프로그램을 개발하게 된다.

8) 노인을 위한 음악치료

노인들을 위한 음악치료는 정상노인으로부터 장애가 심한 치매노인에 이르기까지 폭넓게 시행된다. 인지기능의 퇴행이 갑자기 일어나는 노인들에게 음악 활동은 현실감각, 순서, 예측성을 가지므로 노인들은 안전한 환경 안에서 함께 참여하고 즐길 수 있으며, 개개인의 기능에 맞는 음악활동을 시행함으로써 치료목적을 달성할 수 있다.

음악치료가 노인들에게 효과적으로 사용되는 것은 그동안 시설노인, 치매노인, 뇌졸중노인 등 다양한 영역에서 성공적인 임상효과를 보이면서 음악이 노인들의 신체 재활은 물론 심리 · 사회적인 영역에서도 유용하게 사용되어졌기 때문이다.

음악치료에서는 노인들에게 빈곤, 질병, 역할상실에서 오는 소외감, 고독감 등의 문제를 해결하는데 필요한 여러 가지 활동을 제공하면서 음악을 통하여 노인들이 보다 건강하고 만족스러운 노후생활을 가질 수 있도록 도와준다. 즉, 음악 안에서 긴장이완이나 리듬 반응과 같은 신체운동기능을 조절할 수 있고, 음악적 구조 안에서 제시된 정보를 받아들임으로써 집중력, 기억력과 같은 인지기능을 향상시킬 수 있으며, 그룹 안에서의 음악활동은 그룹의 구성원들과 관계 형성을 이루게 하고, 다른 사람과 의사소통할 수 있는 기회를 가지게 함으로써 개개인을 고립에서 벗어나게 해준다. 특히 음악은 노인전문병원이나 요양원과 같은 전문 요양시설에서 거주하는 노인들에게 환경을 지루하지 않게 만들어주는데, 이를 통하여 노인들은 자연스럽게 자신의 생각과 감정을 표현하게 되고, 감정변화를 통하여 긍정적인 정서를 가지게 되며, 음악활동 안에서 만족감을 느끼며 자긍심을 높일 수 있다.

음악을 통한 긍정적인 정서경험은 심리적인 반응을 유발하는데, 이러한 반응은 결국 신체적인 반응도 유발하게 된다. 리듬은 빠르기의 변화에 따라서 정서적 · 신체적인 변화를 일으킬 수 있다. 빠른 리듬의 활기 있는 음악은 호흡, 맥박, 혈압, 심장박동수를 증가시켜서 무기력한 노인들에게 활기를 주며, 느린 리듬의 이완음악은 심리적 · 생리적인 반응을 불러일으켜 심리적으로 불안해하는 노인들을 안정시켜준다. 또한 음악의 멜로디, 리듬, 화성(harmony)이나 강약을 지각하는 활동은 주의집중을 강화시키는데 매우 효과적이다. 일반적으로 노인들은 자신이 좋아하는 친숙한 노래가 연주되면 주의집중하게 된다. 특히 장애가 심한 노인들에게 음악치료를 시행할 때는 한 주제와 한 가지 목적만을 위해 긴 세션을 진행하기 보다는 노인들의 짧은 주의집중력을 고려하여 한 세션(음악치료수업)에서 시작하고 종결하는 활동을 제외하고 3~4개 정도의 음악활동을 다양하게 실시하는 것이 바람직하다. 음악활동은 노인들의 기능수준에 적합해야 하며 무엇보다도 노인들의 참여 동기를 유도할 수 있는 흥미 있고 적극적인 활동들로 계획되어져야 한다.

9) 음악치료기법(Music Therapy Techniques)

음악치료 활동은 각 노인의 기능적 병적 상태를 진단한 후 단계별로 적용할 수 있도록 계획해야 한다. 데이비스 등(Davis, et al., 1992)이 제시한 노인들을 위한 음악치료 프로그램에는 일반적으로 감각훈련, 현실인식, 재동기부여, 그리고 회고 등의 치료기법이 적용된다. 노인들을 위해 사용되는 음악치료기법은 다음과 같다.

감각훈련기법(Sensory Training)

감각훈련기법은 노인들의 재활을 위해서 가장 일반적으로 사용할 수 있는 음악치료 프로그램이다. 감각훈련은 활동을 통하여 정신적, 신체적, 사회적인 기능을 향상시키고 주위환경과의 관계를 회복시키는데 주요 목적을 두고 있다. 이 기법은 노인들의 시각, 청각, 촉각, 때로는 미각이나 후각을 자극하기 위해서 간단하면서도 짜임새 있는 활동들을 사용한다.

감각훈련활동은 쉽고 간단하며 구조적이어야 한다. 집중력을 고려하여 활동은 짧게 하고, 질문과 지시도 간단하게 한다. 감각자극기법은 모든 기능의 노인들에게 유용하게 적용할 수 있지만, 특히 언어기능을 상실하고 무표정 무반응을 보이는 노인들, 그리고 대인관계에서 고립되어 있는 노인들에게 가장 많이 사용된다. 감각훈련은 2단계로 나눌 수 있다.

1단계 프로그램은 기능이 가장 낮고 집중력이 매우 짧은 노인들을 위한 프로그램으로 약해진 대근육 · 소근육 운동기능을 강화시키고 환경에 잘 적응하도록 도와준다. 치료목표는 신체인식능력 향상, 대근육 · 소근육 운동기능 향상, 사회적 교류 향상 등으로 한다.

감각훈련 프로그램은 음악듣기와 같이 음악을 청각자극제로 사용하여 수동적인 활동들을 하며, 노인들이 환경에 잘 적응할 수 있도록 도와준다. 의사소통은 간단한 언어나 비언어적으로 하며, 팔다리의 기능향상을 위해서 움직이는 활동도 한다. 환자에 따라서는 2단계로 넘어갈 수도 있다.

2단계 감각훈련 프로그램은 1단계처럼 신체인식능력 향상, 기억력 향상, 운동기능 향상을 위해서 사용되지만 1단계에 비해서 환자가 스스로 활동에 참여하도록 하고, 더 오랫동안 집중하게 하며, 다른 사람과 사회적 교류도 더 많이 갖는다. 내용이나 구조는 간단하면서도 확실하게 진행하도록 한다.

현실소재인식 기법(Reality Orientation)

현실소재인식 기법은 감각훈련의 다음 단계 프로그램으로 시간과 장소 또는 주위 사람들의 이름을 기억하지 못하는 등 혼란을 일으킬 때도 있지만, 아직은 어느 정도 주변 환경을 인식하는 노인들에게 현실과 환경을 인식시키기 위해 반복적으로 정보를 재교육시키는 활동이다. 즉, 자신과 환경을 바로 인식하게 하여 자신이 처한 환경에 대한 충격을 줄여주고, 의존적인 생활에서 벗어나 스스로 자신을 돌볼 수 있는 독립심을 길러주기 위해서 사용된다.

현실소재인식 프로그램에서는 기억을 돕기 위해서 시계나 달력을 이용하거나 또는 계절이나, 기념일에 관한 노래를 부르고, 질문하고 대답하는 활동을 통해서 자신과 환경에 대한 현실감각을 느끼도록 도와준다.

현실소재인식 기법은 재 동기유발기법처럼 감각훈련단계보다 한 단계 높은 기능을 가진 그룹에서 사용할 수 있으며, 뇌졸중이나 혈관성치매(Vascular dementia) 환자처럼 일시적인 정신혼란을 일으키는 노인들에게는 매우 효과적이지만 알츠하이머와 같이 회복이 불가능한 노인들에게는 효과가 없다.

재 동기유발기법(Remotivation)

재 동기유발기법은 현실인식능력이 있고 언어능력도 있지만 자신이 처한 상황에 대해 무감각한 노인들에게 생각하게 하고 언어적 교류를 가지게 하며, 사회적 상호작용을 향상시키고, 주위환경에 대해 관심을 가지도록 도와주는 치료기법이다.

음악은 동기유발에 매우 효과적인 도구로 사용될 수 있다. 재 동기유발 프로그램에서는 치료사가 최근에 일어난 뉴스나 지나간 행사들, 그리고 공통의 관심사가 되는 주제에 대해 토론하도록 유도하는 활동을 시행한다.

즉, 특정 주제에 대한 음악을 듣고 함께 토의할 수도 있는데, 음악으로 동기부여하고, 분위기를 만들며, 그룹토론 주제를 소개할 수 있다. 그룹토론 주제는 노인들의 과거나 현재상황과 관련된 것으로 선택하며, 최근에 일어난 뉴스나 음악과 관련된 신문기사에 대한 토론을 유도할 수 있다. 토론진행을 위해서는 흘러간 옛 노래, 전래동요, 전통놀이, 음식 만들기, 사진, 한복입기, 골동품 등을 소제로 활용할 수 있다.

예를 들어, 6.25사변 때의 이야기를 주제로 토의하고 싶을 때에는 그 당시에 유행했던 음악으로 분위기를 만들어서 함께 노래하며 그 주제에 관해 이야기할 수 있다. 그러나 노인들은 감각훈련이나 현실인식 활동보다 더 오랫동안 집중해야 하기 때문에 짜임새 있는 활동들을 소그룹으로 짧게 해야 효과적이다.

회상기법(Reminiscence)

회상은 노인들이 음악활동을 통해 자신의 삶을 돌아보고 남은 여생을 정리할 수 있도록 도와주는 치료기법으로 현실소재인식이나 재 동기유발기법을 적용하는 환자들에게 적용할 수 있다. 이 치료기법은 개인세션이나 그룹세션 모두에게 효과적으로 사용되고 있는데, 사회성을 향상시키고 개인 간의 상호작용을 이루며 자긍심을 높이는 목적으로 사용될 수 있다.

음악치료에서 회상은 자신이 과거에 이루어 놓았던 일들과 과거활동들을 다시 상기시킴으로서 인생의 의미를 느끼게 해주는데, 음악은 지나간 삶을 되돌아보게 하고 과거의 일들을 기억하게 도와주는 강력한 치료도구로 사용된다. 음악, 영화, 사진, 옷, 잡지나 오래된 물건들은 회상이 잘 되도록 도와주는 치료도구로써 분위기와 토론의 중심적인 역할을 할 수 있다.

또한 음악은 강한 연상작용을 일으킬 수 있다. 이를 위해서는 노인들이 과거 젊은 시절에 유행되었던 노래를 주제별로 분류하여 이를 적절히 사용하면 매우 효과적이다. 음악은 누구나 어릴 때부터 친숙하게 접할 수 있기 때문에 노인들은 자신이 젊은 시절에 즐겨 불렀던 노래를 부르거나 음악을 들으면서 그 시절로 되돌아가는 경험을 가질 수 있다.

음악은 직업, 결혼, 또는 그 밖에 중요한 인생사를 토론할 수 있는 적절한 분위기를 만들어주는데 있어서 중요한 역할을 한다. 치료사는 노인들의 음악적 경험에 초점을 맞추어주며, 특정음악 스타일이나 시대 상황을 이용하여 그 시대를 살았던 노인들의 음악적 경험이 삶에 어떤 영향을 미쳤는지에 대해 토론할 수도 있다. 또한 음악으로 역사적 사건들을 다시 소개할 수도 있는데, 즉 왜정시대에 불려졌던 노래나 6.25사변 때 유행했던 노래는 그 시대를 기억하게 해준다.

곡을 선정할 때는 노인들의 경험과 기억이 각기 다르므로 공통적인 관심을 가질 수 있는 음악으로 선정하는 것이 중요하다. 음악적 취향은 각 개인의 사회 · 문화적 배경에 따라 다르므로 대개의 경우 노인들이 각자 좋아하는 음악을 사용하는 것이 가장 효과적이다.

한 가지 알아둘 점은 그룹에서 지나간 시절의 회고를 위해 곡을 선정할 때 어떤 노래가 어떤 사람에게는 좋은 기억을 떠올리게 할 수도 있지만 다른 사람에게는 부정적인 반응을 불러일으킬 수도 있다. 이와 같이 노인들의 경험과 기억이 각기 다를 수 있기 때문에 짧은 그룹 활동 시간에 이를 잘 해결하지 못할 수도 있으므로 사전에 노인들의 과거 경험과 사회 · 문화적 배경을 잘 살펴서 공통적인 관심을 가질 수 있는 소재와 음악을 선정하는 것이 중요하다. 또한 종교적인 내용의 노래가 선정될 수도 있는데, 이 경우 그룹에는 혹 다른 종교를 가지고 있는 사람이 부정적 반응을 보일 수도 있으므로 신중하게 선정해야 한다.

10) 노인음악치료 Activity

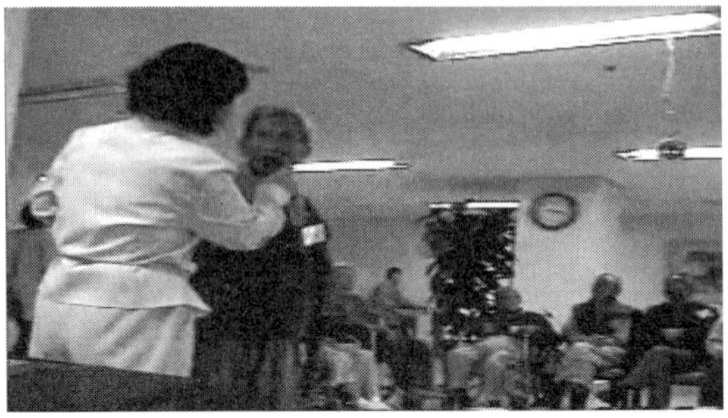

참고문헌

이순화, 김승현, 정문희, 김윤신(2008). 음악치료가 뇌졸중 환자의 삶의 질에 미치는 효과, 노인복지연구 Vol 41, p.205-234.

통계청(2006). 장래인구추계

Altschuler, I. M.(1954). The past present and future of music therapy. In E.

Bailey, L. M.(1984). The Use of Songs in Music Therapy with Cancer Patients and Their Families, *Music Therapy* 4, 5-17.

Bolger, E. P.(1984). The Therapeutic value of singing, *New England Journal of Medicine*, 311, 1704.

Bruscia, K. E.(1989). *Defining Music Therapy*, Spring House Books, 654 Pikeland Avenue, Spring City, PA.

Davis, W. B., Gfeller, K. E., & Thaut, M. H.(1992). An introduction to music therapy : Theory and practice. Dubuque, IA : Wm. C. Brown Publishers.

Hesser, B.(2001). The Transformative Power of Music In Our Lives : A Personal Perspective. *Music Therapy Perspective*, 19, 53-58.

Merriam, A. P.(1964). *The anthropology of music*, Chicago, IL : Northwest University Press.

Podolsky(Ed.) Music Therapy, New York : Philosophical Library, 24-35.

Radocy, R. E., & Boyle, J. D.(1988). Psychological foundations of musical behavior(2nd ed.). Springfield, IL : Charles C. Thomas, Publisher.

Roederer, J.(1975). *Introduction to the pbysics and psycbophysics of music*. NY : Springer.

Rowe, J., & Kahn, R.(1998). *Successful aging*, New York : Pantheon Books.

제3장

미술치료의 이론과 실제

제3장 미술치료의 이론과 실제

김 옥 경(한양대학교 산업경영디자인대학원 미술치료전공 겸임교수)

1. 미술치료의 개념

미술치료는 심리치료의 한 영역으로 심리치료는 언어적 접근으로 이루어져왔다. 언어적 접근의 심리치료에서 그림을 임상적으로 활용하는데 관심을 가지고 사용하기 시작한 것이 미술치료의 시작이다.

미술치료는 다양한 조형 활동을 통해서 내담자의 심상을 표현하게 함으로써 내면의 심리를 진단, 평가, 치료하는 심리치료로써 그 기원은 구석기시대 동굴벽화에서부터 찾을 수 있다. 벽화를 그리는 활동 속에 종교적, 정신적, 심리적, 치유적 의식이 담겨있으며, 미술활동이 치료적인 측면으로 이해되기 시작한 것은 19세기 정신과 병동에서 정신의학자들이 정신질환과 그림의 특성을 연관 지으면서 정신질환자들의 그림이 고뇌와 관련이 있음을 인식하게 되면서 미술치료가 역사적으로 시작되었다. 아동화는 많은 심리학자들의 연구대상이 되어 아동의 흥미, 성격, 지적능력 등이 그림에 어떻게 반영되는지 대상의 그림을 연구하게 되었으며, 어린이와 미개인의 그림에서 유사한 색채와 모티브가 관찰되는 것을 발견하고 정신병원 환자들의 그림을 어린이나 미개인의 그림들과 비교 검토

하면서 미술치료가 전문적 분야로 확산되었다. 그림을 그리는 것은 안전한 공간에서 내적 세계를 표현하고 마음을 파악하는 방법으로서 언어적 방법보다 확실하게 정서를 반영한다.

특히 많은 스트레스에 시달리는 현대인들에게 미술활동을 통해서 스트레스를 일으키는 부정적이고 고통스러운 감정들을 그림, 조각, 꼴라쥬 등을 통해서 이미지로 표현함으로써 스트레스에서 해방되고, 심신의 면역체계가 정상적으로 기능하도록 도움을 주며 고통을 진정시켜줄 수 있다. 또한 노인들에게는 비 약물적 접근으로 회상을 통한 미술치료가 자존감향상, 인지증진, 근육운동을 위한 미술치료 작업으로 많은 효과가 검증 되어오고 있다.

2. 미술치료에 대한 학자들의 견해

1) 프로이드(Freud)

그림이 가지는 임상적 힘을 재발견하고, 그림의 해석을 시도하는 기초를 제시한 사람은 프로이드이다. 정신분석을 창시하고, 정신 역동적 관점에서 무의식의 영역을 발견하고, 그 구조를 분석하여 치료적 이점을 탐구함으로서 그림을 통해서 임상적 도움을 얻을 수 있는 기초이론을 정리한 학자이다. 모나리자의 미소(1910), 성 안나와 모자상(1910) 그림을 통해서 레오나르도 다빈치를 자세히 분석해내었다. 또한 프로이드는 미켈란젤로의 모세상(1914)에서 미켈란젤로 자신의 성격이 작품창조의 과정을 통해 자기 자신을 향상시키고 있음을 세밀하게 분석하였다

일반적으로 예술작품은 예술가의 혼이 깃든 마음 내면의 상징적인 표현으로 정의하였으며, 모든 그림은 그린 사람의 마음 심층을 구체적으로 표현하고 있는 것을 발견하였다. 프로이드는 그림의 해석을 제시한 선구자이다(2008. 전영숙·유신옥).

2) 융(Jung)

융은 그림 해석에서 오늘날 미술치료 이론의 기초를 만들었으며, 그림에 표현된 상징에 주목하여 집중적으로 연구하였다. 상징은 무의식적 요소로서 그린 사람의 치유적 요인이 있음을 발견하였다. 융은 집단무의식과 개인무의식의 영역이 이미지나 상징을 통해

그림 속에 표현되어지고 이것은 창조성에 기원을 두고 있음을 말하였으며 치료의 궁극적인 목표는 인간이 가진 창조성을 발휘하게 하는 것이라고 정의하였다. 창조성이 충분히 그 사람의 내면을 움직이게 한다면 증상이나 고통에서 해방되어 건강한 삶을 살아갈 수 있다고 보았다. 미술치료와 삶의 핵심 주제는 창조성이라고 할 수 있다. 치료자와 내담자가 협력해서 무의식의 이미지나 상징을 이끌어 내어 내담자의 삶에 연결시킴으로서 새롭게 정화되어 치료에 도움을 받은 것이 바로 미술치료이다.

나아가서 융은 그림을 통해서 자기분석을 시도하였다. 융은 자신의 무의식에서 올라오는 이미지를 순서대로 그림으로 그렸다. 그림을 이용해서 이미지를 심화시키고 그 안에 있는 정서, 이미지를 의식화 하므로써 그림 속에 스스로 치유하는 힘이 있음을 깨닫게 되었다. 융은 또한 이미지로 표현된 것이 개인적인 내용뿐만 아니라 신화적인 성격의 깊은 마음의 심층이 나타나는 것을 발견하였다. 이것이 후에 융의 가장 중요사상인 집단 무의식으로 연결된다. 융은 많은 그림을 그렸고 1916년에 만다라가 나타나며, 이어서 수많은 만다라를 그렸다. 만다라는 역사가 구석기 시대까지 거슬러 올라가며 세계각지에 그 기원이 존재하고 있다. 융은 만다라를 인간의 전체성의 상징으로 마음의 중심지향과정(개성화과정)의 자기표현으로 해석하였다. 융이 반복해서 그린 만다라는 그가 목표로 하는 중심으로의 회귀이고 중심으로 향하는 과정은 개성화 과정의 자기표현으로 해석하였다(2008. 전영숙·유신옥). 융이 심리치료에 그림을 적용하게 된 이유는 스스로 자기 분석을 위해서 만다라그림을 그리면서 마음의 갈등을 치유하는 체험을 경험하였기 때문이다(2008. 전영숙·유신옥).

현대미술치료에서 많은 내담자들에게 만다라를 그리게 하고 만다라야말로 인류공통의 집단 무의식에서 나온 회복의 상징임을 이해시켰으며, 융은 상징을 어떻게 해석할 것인가 하는 것이 미술치료의 가장 중요한 자료인 것을 자신이 직접 증명해 주었다.

3) 나움버그(Naumberg)

나움버그는 1920년 미국의 뉴욕의 월튼학교에서 아동미술교육자로 활동하면서 미술교육의 다양한 방법 중에서 자발적인 그림(Spontaneous art)을 통해서 이것을 미술치료의 한 모델로 개발하였다. 또한 뉴욕의 정신분석 학교에서 행동장애아동의 미술치료를 시행하면서 임상경험을 정립하였고, 후기에는 성인미술치료에도 기법을 적용 확장하였다. 1940년대에는 심리학과 정신분석을 공부하여 정신분석적 미술치료모델을 정립하였다.

나움버그는 교육활동의 경험 속에서 그림을 통해서 심리를 진단할 수 있는 이론(Art in therapy)을 정립하게 되는데 심리치료에서 언어매개체인 말보다 그림이 내면의 욕망, 꿈, 환상을 잘 표현할 수 있고, 그림은 언어보다 무의식을 표현하므로 검열기능이 약하기 때문에 치료과정이 촉진되고, 그림으로 나타난 자료는 영원히 보관할 수 있어서 자료가 언제라도 활용 가능하며, 부정할 수 없는 장점이 있다는 것을 발견했다. 그림이 바로 마음의 지도이고 그림을 통해서 마음을 이해할 수 있는 미술치료 이론을 정립한 현대 미술치료의 선구자이다.

4) 크레이머(Kramer)

크레이머는 나움버그 보다 25세가 어리다. 크레이머는 자아심리학의 영향을 받았다. 아동미술치료영역의 많은 연구를 하였으며 그림의 치료적 속성은 그림에 대한 내담자의 연상을 통해서 자기표현(Self-expression)과 승화(Sublimation)작용을 통해 자아가 성숙해지는 것을 치료의 큰 핵심으로 주장하였다. 미술활동(Activity)을 통해서 내담자 자신의 파괴적이고 반사회적인 감정과 에너지를 분출함으로서 그것을 감소시키거나 전환시킨다는 이론을 주장하였다. 내담자는 미술작업과정에서 자신의 원시적 충동이나 환상에 접근하면서 작업과정에서 갈등을 재 경험하고 자기훈련과 조절을 해결하고 통합하게 도와주는 것이 나움버그의 견해와는 다른 치료이론이다. 치료자의 역할은 내담자가 만든 작품을 해석하는 것이 아니라 승화와 통합과정을 도와주는 것이라고 하였다. 크레이머의 이러한 견해는 작품을 만드는 과정 자체를 치료라고 보며 "치료로서의 미술치료(Art as therapy)"로 표현하였다.

미술작업(Activity)은 작업과정이 인간의 삶의 경험과 동일한 것을 창조하므로써 인간 경험의 영역을 확장하는 과정으로 설명하였다. 인류의 역사를 통해서 미술은 인간의 본능적인 충동과 사회의 요구 간에 영원한 갈등을 해소하는데 도움이 되는 작업이다. 미술치료사들은 내담자들에게 미술을 통한 창조적 경험을 통해서 삶의 창조적 과정을 재조명할 수 있는 힘을 키우도록 도와주는 과정이 바로 치료적 과정이다.

5) 울먼(Ulman)

울먼은 1961년에 미국미술치료학회지(Journal of art therapy)의 전신인 "Bulliten of art therapy"라는 창간호를 발행하였다. "미술심리치료"(Art in therapy)와 "치료로서의 미술"(Art as therapy)을 통합시키기 위해 노력한 학자이다. 울먼은 자신이 미술작가로서의 경험에서 미술치료를 경험하였으며 크레이머 보다 5살이 많은 나이로 동시대에 미술치료분야에서 활동을 한 학자이다. 1950년대 초반에 그녀는 정신병원에서 미술치료사로서가 아니라 미술교육자의 자세로 일을 하였다고 술회하였다. 울먼은 정신분석과 미술적 통찰사이의 관계를 경험하였으며 미술교사와 미술치료사의 관계성에 대한 발표로 이론적 지지를 받았다. 그림에서만 파악할 수 있는 귀중한 자료를 얻을 수 있는 경험을 발견하였다. 울먼은 나움버그와 크레이머의 미술치료이론을 통합하면서 논쟁점부분에서는 융통성을 부여하고 내담자의 작품이 예술이냐 아니냐를 논하기보다는 대상에 따라서 상동적인 표현이나 강박적 표현도 허용되어야 함을 강조하였다. 예술적 성취감을 중시하였고 미술치료는 치료적 측면과 창조적 측면을 모두 포함하는 것이라고 주장하였다.

* Naumberg : Art in therapy(미술심리치료)
* Kramer : Art as therapy(치료로서의 미술치료)
* Ulman : Art in therapy + Art as therapy(통합)

3. 미술치료 재료(매체)의 특성

미술치료사들은 다양한 미술활동 재료들을 사용할 수 있다. 치료시간의 구성 및 다른 요소들에 따라서 그 재료는 목적에 부합되도록 선택한다. 미술과제는 자유연상이나 가족 혹은 집단 간의 의사소통의 매개체이므로 파스텔이나 크레용, 붓 등의 비교적 간편한 재료가 적절할 것이다. 장애인이나 유아, 노인 등에게는 쉽게 제작할 수 있는 도구들을 사용하면 좋을 것이다.

재료의 선택에서 두 가지 중요하게 고려해야 할 점은 촉진과 통제이다. 내담자의 자발성을 촉진하기 위해서는 충분한 작업공간과 아울러 다양한 색상과 충분한 크기의 종이와 점토 등이 제공되어야 한다. 너무 많은 양의 도구는 사람을 질리게 할 수 있다. 이 점에서는 내담자에 따라 서로 다르므로 치료사는 개인의 욕구에 민감하게 반응할 줄 알아야 한다. 특히, 쉽게 찢어지는 신문지나 잘 부서지는 분필과 같은 좌절을 유발시키는 재료들은 고려되어야 한다.

낱낱으로 된 매체(재료)가 그렇지 않은 매체보다는 다루기가 용이하다. 연필은 조작하기에 보다 쉽지만, 물감이나 점토는 조작에 있어서 기술적인 문제가 있다. 물감을 마구 칠하는 것과 같은 행동은 심하게 억압되어 있는 환자에게 활기를 불어 넣을 수도 있을 것이고, 아니면 아주 겁에 질리게 할 수도 있다. 때때로 미술매체를 바꿔 주는 것이 타성에 빠져 있는 환자를 촉진시켜 줄 수 있다. 미술매체들의 특성에 따라 어떤 효과를 낼 수 있느냐를 고려하여 선택해야 한다(1980, Wadeson).

그림 3-1은 미술매체의 특성을 그림으로 나타낸 것이다. 오른쪽의 자료가 심리적 통제를 높게 하는 재료이고 왼쪽으로 갈수록 통제의 정도가 낮은 매체이다.

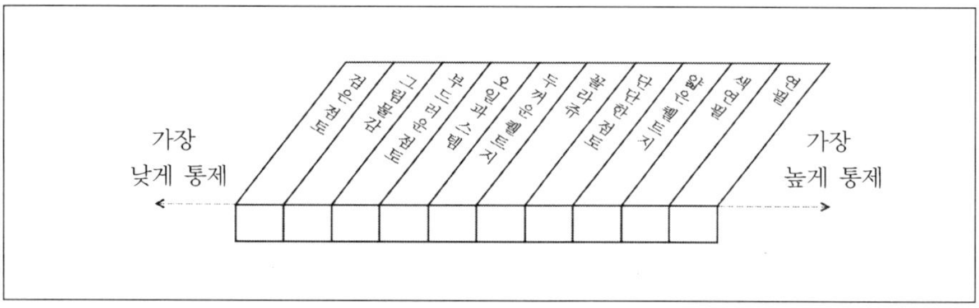

[그림 3-1] 미술매체의 특성

Landgarten(1987)은 미술매체의 특성에서 젖은 점토를 가장 낮게 통제를 받는 재료이며 가장 편안한 재료라고 명명하였다.

점토는 매체의 특성상 언어가 결핍된 아동이나 과도한 언어화와 같은 저항을 가진 환자에게 유용한 매체로 활용되고 있다(1994. 전겸구).

점토활동(작업)은 제작과정 중 어떠한 형태든지 조형할 수 있으며, 부착과 제거가 용이하여 수정을 거듭하면서 진지하게 활동할 수 있다. 표현양식이 광범위하고, 작품형태의 제한을 받지 않으며, 개성적인 처리가 유리하다.

특별한 시설이나 기술이 필요 없고 반복하여 사용할 수 있는 장점이 있다.

점토는 입체적인 표현을 하기 쉽고 유연하므로 자유자재로 각자의 생각을 표현할 수 있으며 사물의 형체를 손쉽게 만들 수 있다(1999. 이인태).

만들기 쉽고 마음대로 만들어지는 점토의 성질은 생명과 몸체를 소유하는 매개체를 낳게 하는데, 점토를 힘껏 쥐고, 굴리고, 형태를 만들려는 충동에 의해 점토는 인간의식의 깊이를 끌어내며 촉각과 시각기능을 끌어내는 효과로 대상관계의 개선을 위해서 유용한 재료이다.

대상관계가 손상된 개인은 왜곡되거나 미분화된 작품을 제작하는데(1987. Robbins) Lowenfeld(1957)는 생애초기 동안의 피부접촉의 중요성과 관련하여 접촉의 모형 만들기 활동은 자기자각, 자기인상, 자아개념을 발전시키며, 자아와 타인과의 관계를 강화하는 수단으로 설명하였다. 즉, 점토를 통한 촉각 활동으로써 심리적 의미창조를 위한 경험적 자아가 발달되어 결국 기본적 감각체계가 발달하게 되고 따라서 공간개념이 발달하게 되고 이어 현실검증이 가능하게 된다(1991. 김동연).

점토활동은 대상관계 이론의 핵심이 되는 초기의 내면화된 관계를 새롭게 내다보게 하며 작업활동-관계에서 안전한 틀을 제공하여 그 안에서 대상의 세계를 연구하고 경험하게 된다. 또한 작품을 통한 구체적인 이미지와 감정묘사에 의해 내적세계를 더 쉽게 인식하여 타인과의 건전한 관계형성과 확고한 자아상을 창조하도록 도울 수 있다. 또한 자아긍정감이 증진되며 새롭게 자신을 보게 되어 세계 속에서의 자신의 의미를 발견하게 해준다. 치료대상은 내면관계를 새롭게 보게 되며 이때 치료자는 깊은 이해와 감정이입, 해석을 통해 초기상실과 문제를 보상하는데 도움을 준다(1987. Robbins). 이로써 내담자는 점토활동을 통해 대상관계를 정립하게 되는 것이다.

4. 미술치료에서의 기법

1) 진단적 기법

진단적 기법들은 대부분 투사그림검사로서 투사그림검사의 역사는 19세기 후반 정신과 병동에서 사람을 이해하기 위해서 그림을 체계적으로 사용하면서 시작되었다. Goodenough (1926)는 아동기 · 청소년기의 인물화 발달을 연구하면서 그림이 성숙되어가는 과정이 지적인 발달과 연관되어 있음을 정리하였고, Harris(1963)는 Goodenough의 연구를 확대 발전시켜 "인물화에 의한 간편 지능검사"(DAM)를 표준화(김재은· 여광응)해서 정신지체 아동의 지능검사에 활용하고 있다.

Machover(1949)는 인물화성격검사(DAP)를 제시하였고, Buck은 단일 과제보다는 다양한 측면을 볼 수 있는 HTP를 도입하였다. Jolles는 HTP특성을 상세히 기술하였고, Hammers(1971)는 투사그림의 임상적 해석을 적용하였다.

Koppitz(1968)는 발달적 투사적 채점체계정리를 하였으며, 인물화분석을 정리하였다. 또한 Hulse(1951)는 가족화(DAF)를 개발(경직된 가족화)하였고, Burns. Kaufman(1970, 1972.)은 동적가족화(KFD)를 개발하였다.

Prout. Phillips(1974)은 동적학교그림(KSD)을 개발하였다.

HTP검사는 "비정상적인 환자"를 대상으로 적용하였고, 그림이 정적인 그림이어서 상호작용 활동내용을 볼 수 없으며, Freud의 정신분석학의 지침에 속해있다. 투사그림검사는 정신분석이 우세했던 시대에 창안된 제한점을 가지고 있다.

인물화검사(DAP, DAM), 집나무사람 그림검사(HTP), 동적집나무사람 그림검사(K-HTP), 동적가족화(KFD), 동적학교그림(KSD), 풍경구성법(LMT), 자유화, 동그라미중심가족화(FCCD), 부모자녀중심가족화(PSCD), DAS, DDS, PPAT, 동굴화, 계란화, 발테그검사, 별파도검사, 과제화법, 상상화, 난화기법, 스퀴글게임, 협동화기법 등이 있다.

2) 치료적 기법

테두리기법, 점토작업, 꼴라쥬기법, 박스기법, 가면작업, 만다라기법, 손본뜨기기법, 전신본뜨기기법, 자화상, 초상화, 인생그림(Life history), 대화그림기법, 느낌그려주기기법, 소원그리기기법, 유산그리기기법, 기억(회상)그리기기법, 감정표현하기(색채감정사전), 핑거페인팅, 액션페인팅, 신문지작업, 장단점그리기, 반응그림그리기, 등대그림, 동화그리기, 화산그림그리기, 인형만들기, 문그림그리기, 먹물난화기법, 나의나무그리기, 둘이서 이어그리기, 왼손으로 그리기, 첫인상그리기, 이름장식하기, 시각화유도하기, Starter-Sheet(출발선제시), 소원나무만들기, 자유화, 회상그림, 나의 부정과 긍정 그리기, 나는 누구인가?를 다양한 이미지로 그리기, 마음의 도시 · 마음의 소리 · 꿈작업

5. 미술치료의 실제

미술치료의 실제는 치료사와 내담자, 치료실의 3가지 조건이 형성될 때 치료가 진행된다.

1) 치료대상

미술치료는 다양한 상황에서 각각의 목적을 위해 미술활동(Activity)을 통해서 환자로

하여금 무의식의 의식화를 통해서 통찰을 할 수 있게 도와주는 것이다. 위급한 상황의 위기치료를 위해서도 활용될 수 있고 양로원의 노인들을 대상으로 하여 그들의 삶을 정리하는 데에도 미술치료는 도입될 수 있다. 약물이나 알코올중독 환자, 심신장애인, 발달장애아동, 정서장애아동 등 대상은 모든 사람이 적용될 수 있다. 정신 병원에서는 개인이나 집단미술치료를 시행하고 최근 가족을 대상으로 하는 가족미술치료도 확장되어 가고 있다.

미술치료가 시행되고 있는 기관은 학교(초·중고), 유아교육기관(어린이집·유치원·학원), 소년원, 교도소, 분류심사원, 보건소, 감호소, 종합병원, 개인병원, 재활병원, 정신병원, 복지관, 상담센터, 연구소, 여성회관, 종교단체, 주부모임, 사회봉사단체, 직업상담소, 훈련원, 산업체상담실, 미술치료센터, 개인치료실 등에서 치료활동이 활발하게 증가되고 있는 실정이다. 미술치료에서 행해지는 방식은 특정 환자가 참여하게 되는 환경과 미술치료사가 행하는 이론적 접근 방법, 기법에 대한 능력, 성격, 유형 등이 상호작용하는 것이기 때문에 이 요소들은 매우 중요한 의미를 지닌다. 치료의 목적이나 대상에 따라 그 환경과 치료의 전체적인 구성방법은 달라야 한다.

2) 치료적 환경

미술치료를 실행하는데 있어서 중요한 두 가지 요소는 물리적 환경과 기본적인 재료이다. 미술작업을 위한 치료실은 적당히 넓은 공간, 충분한 채광, 미술 도구 등을 갖추면 된다. 조용하고 비밀을 유지할 수 있는 안전한 공간이어야 하지만, 어떠한 환경도 환자에 따라서는 유용하다고 지적한다. 예컨대, 움직임이 어려운 신체장애인의 경우는 환자의 방을 방문해서 실시할 수 있고 환자가 편안하게 느낄 수 있는 공간에서 가능하다.

물리적 환경은 미술치료에 중요한 의미를 가진다. 집단 미술치료에서는 집단 원들 간의 물리적 간격(거리)이 미술작업 시간이나 토론에 영향을 미칠 수 있다. 미술도구 또한 영향을 미칠 수 있는데, 마루에 앉아 그리는 것, 이젤과 의자를 사용하는 것이 차이가 있다.

미술치료에서 고려할 점은 미술 작품의 제작자와 작품사이에 물리적 연관성이다. 미술작품을 벽에 걸거나 이젤에 놓거나 땅바닥에 놓고 작품을 설명할 때 가능하면 환자가 작품과 가까이 서서 그림과 환자사이의 연결을 강조하고, 미술작품이 자아의 확장임을 보다 생생하게 경험하도록 한다.

3) 치료회기의 구성

미술치료의 구성은 치료목표나 대상, 방법에 따라서 다양하게 결정된다. 치료의 기간과 빈도, 사용될 매체, 특정의 활동, 치료 종료 등이 시간계획에 포함된다. 대체로 주1회 치료가 이루어지며, 첫 상담에서는 언어에 의한 면접을 하며, 치료비, 시간계획, 도구의 선택, 그림의 주제선정 등 다양한 내용들이 다루어진다.

치료시간에는 제한을 두어야 할 개인이나 집단이 있을 수 있고, 반대의 입장도 있을 수 있다. 예컨대, 정신병원의 경우에는 환자의 특성이나 그때의 상황에 따라 시간이 조절될 수밖에 없다. 미술치료의 목표에 따라 환자와 환경조건을 기초로 하여 시간구성을 해야 한다는 것이다. 예컨대 목표가 가족의 위기를 치료하는 것이라면 모든 가족구성원이 참가하여 위기 상황과 관련된 그림을 그리게 된다. 이런 경우에는 시간과 상담환경 등에서 유연성이 있게 실시한다. 만약 정신분열증 환자라면 먼저 개인치료를 받고, 그 후에 집단 치료를 받도록 권장되므로 시간구성이 달라지게 된다. 일반적인 치료시간 구성은 주 1-2회 정도가 적당하다.

6. 미술치료와 미술교육의 차이

미술치료	미술교육
치료목적 — 심리적 건강, 자유로움, 무한함	교육목적 — 기술과 전문성습득, 비교, 제한적
치료사역할 — 수평적(관찰자, 반영자)	교사역할 — 수직적(지도자, 시범자)
프로토콜 — 비구조화, 구조화, 반구조화. 나누기.	교안 — 계획된 구조, 피드백
과정중심(Process-oriented)	결과중심(Producted-oriented)
Session(대상과의 관계에 초점이 중요)	class(결과물에 대한 평가에 초점)

7. 노인을 위한 미술치료

노인 미술치료는 도움을 필요로 하는 노인을 대상으로 미술치료활동(Activity)을 통해서 개인적 욕구와 환경에 대한 노인들의 적응을 도와주는 것이다. 노인의 미술치료 목표는 변화와 미래에 대한 기대보다는 현재의 삶을 건강하게 유지하고 의미 있게 보내는데 초점을 두어야 한다. 직면이나 통찰보다는 더 많은 공감과 지지적 치료를 통해서 삶의 공허감과 정신적 상실감을 극복하도록 도와주고 건강한 상태를 잘 유지하며 만족스러운 노후를 보낼 수 있게 도와주는 것이다.

Landgarten(1981)에 따르면 :

노인을 위한 임상적 미술치료의 3가지 주요 목적 : (a) 환자의 직접적인 문제와 함께 작업하기, (b) 노인들에게 적절한 문제를 다루기, (c) 내담자에게 존엄의 감정을 주는 것을 돕기, 노인들과의 주요점은 인지적 기술의 증가와 사회적 사회 작용을 증진시키는 창조적 작업으로서 과거와 현재의 힘을 그려보는 것이다. 미술치료에서 긍정적 치료의 관계는 "제공자"로서의 미술치료사의 역할을 통해 촉진되고 강화된다. 나의 경험에서 오랜 기간 동안 치료를 해온 많은 단체들이 환자가 미술치료사의 역할제공에 순응하기 위해서는 환자 자신들의 골수에 박힌 고정적인 생각들을 최소화할 것을 요구해야 한다는 것을 주장하였다.

Wadeson(1987)은 특히 인지적 손상을 입은 노인들은 예술에 대한 통찰 지향적 의사소통의 방법보다 미술작업의 양을 늘리려 한다고 진술했다. Wadeson(2000)은 AD환자와 작업하는 미술치료사들이 통찰 지향적이고 치유적인 역할보다 지원자의 역할을 한다고 지적했다. 그녀는 또한 이런 환자들의 많은 사례들이 다른 노인들보다 예술을 통해 그들을 표현하는 것을 억압한다고 진술했다.

치매노인들은 타인과의 상호작용을 통해서 그들의 정서적, 사회적, 생리적 요구를 만족시킬 필요가 있으나 사회성 기술의 결핍 때문에 이러한 욕구가 충족되지 못한다.

그러므로 관계의 차단, 외로움, 고립감, 좌절감, 우울증을 경험한다.

이런 치매노인들에게 도구 언어인 미술을 매개체로 하여 자기관리능력과 대인관계기술을 향상시키고 상호작용 유발을 돕는 미술치료가 치매의 예방과 치료에 효과적이다.

특히 미술치료와 회상요법의 결합은 인지기능이 떨러진 치매노인이나 뇌졸중 노인에게 현재 또는 과거의 기억을 되살리는 기회를 제공하여 본인이 가진 능력에 따라 선, 색, 형태를 스스로 표현하게 해 준다. 그러므로 성취감과 편안함, 정서적 안정을 갖게 하여 지적활동과 인지적 수행능력을 향상시킬 수 있다.

국내의 연구에서 김동연, 신현옥(1999)은 치매노인을 대상으로 한 미술치료 사례에서 미술치료는 치매노인의 행동통제에 많은 효과를 주었다고 보고하였으며, 류정자(2000)는 집단미술치료를 실시하는 동안 치매노인들은 행동이 향상되고 정서가 긍정적으로 변화하는 것을 볼 수 있었다고 하였다. 윤종호(2000)는 집단 미술치료가 치매노인의 행동과 정서의 질적인 변화를 보고하였으며, 김영미(2001)는 치매노인에 대한 미술치료의 효과성연구에서 인지기능과 우울성향에 도움을 주었으며, 자발성, 사회성, 표현력의 부수적인 긍정적인 효과를 보고하였으며, 또한 박영애(2002)는 집단미술치료가 치매노인에게 흥미와 의욕을 주었으며 신체적 증상을 완화시키고, 정신건강(신체화, 우울, 불안, 정신증)을 증진시켰다고 보고하였다.

또한 외국의 연구를 보면 Kramer(1958)의 연구에서 치매노인의 배회행동을 감소시키고 창조와 주의력을 유지시키는데 미술요법이 효과적임을 보고하였으며, Gallagher(1993)는 치매노인에게 있어서 초기의 언어적인 표현을 감안한다면 미술요법을 통한 회상의 과정이 노인의 긍정적인 삶에 효과가 있음을 보고하였다. 또한 Kathleen(1997)은 미술작품의 도움을 받아 치매환자들은 그들의 상실된 능력을 자각하게 되고 그들 자신의 정체성, 즉 자아의식을 북돋을 수 있다고 하였다. Marr D(1995)는 미술치료가 치매환자에게 고립감(isolation)을 감소시키고 자신의 정체성(identity)과 자기신뢰감(self-confidence)을 증가시켰다고 보고하였으며, Dunker(1994)는 문제행동(inner agitation)에 긍정적인 영향을 보고하였다.

위의 결과로 본 노인에게 적용하는 미술치료의 기대효과를 요약하면

① 소 근육 운동과 인지적 기능을 향상시킨다.
② 무관심한 색채와 형체에 관심과 주의력을 보인다.
③ 기억력에 도움을 주며 자발적인 이야기를 할 수 있게 한다.
④ 정서적인 안정감을 갖게 하고 문제행동을 조절할 수 있다.
⑤ 상실의존에서 벗어나 성취감을 느낀다.
⑥ 미술작업을 통해 신뢰와 협조적 관계가 향상된다.

⑦ 시각 능력과 시공간 인지능력을 향상시킨다.
⑧ 색채와 형체에 대한 인지능력을 높인다.
⑨ 수에 대한 개념을 증진시킨다.
⑩ 미술작업을 통해 집중력을 높인다.

1) 미술치료와 신경심리학

미술치료는 미술작업을 통해서 무의식을 의식화하는 작업으로 그림(Image)은 신체와 마음의 내적 의사소통(communication)의 연결통로이다

미술치료(시각미술)가 뇌에 주는 영향, 언어발달을 촉진, 문제해결능력을 증진하는데 기여, 행복감부여에 기여한다는 결과들이 발표되었다.

신경생리학에서는 미술, 기도, 치료과정의 뇌파가 비슷한 패턴을 보여주며 신체의 같은 근원으로부터 나온다고 발표하였으며 이 세 가지는 감정과 의미에서 서로 깊이 연관되어 있다는 것을 발표하였다. 또한 심리신경면역학에서는 면역체계에 대한 감정연구에서 마음과 정신이 신경체계와 면역체계에 깊이 상호연결되어 있다는 것을 발표하였다. 의학은 감정적 상처가 치료될 때 신체의 상처도 치료된다는 사실을 밝혀냈다.

"감정과 질병이 무슨 관계가 있는가?"에 대한 대답을 의학계에서는 명쾌하게 제시하였다. 심리신경면역학 분야의 연구에서 중추신경계와 면역체계에 대한 마음(정신)의 상관관계에 관한 연구는 마음과 정신이 면역체계에 미치는 영향에 대해 심리치료사와 의사들이 주장해온 바를 증명해 냈다. 부정적 사고와 공포가 면역체계의 기능장애를 일으키고 생리적 스트레스의 원인이 된다는 사실을 밝혀냈다. 면역체계 기능장애는 비정상적 세포성장과 바이러스, 박테리아, 화학오염물질 같은 외부환경요인의 유해 작용으로부터 신체를 보호하지 못한다. 오랜 시간동안 생리적 스트레스에 시달릴 때 건강한 세포의 기능을 방해하고 질병을 일으킨다는 것이다. 칼 시몬트 박사는 1970년대 암 치료분야에서 미술의 사용에 관해 연구한 결과를 제시하였다. 칼 시몬트 박사는 면역체계에 미치는 스트레스의 영향을 증명하는 "암을 일으키는 마음/신체모델(Mind/Body Model of Cancer Development)"을 소개하였다. 시몬트 박사의 개념을 정리하면 감정과 질병 사이의 관계를 보여주는 다음의 방정식이 형성된다.

부정적 사고, 고통, 공포의 감정들은 신체내부에서 스트레스를 유발시키며, 면역체계에 기능장애를 가져온다. 그러한 상태에서 오랜 시간이 지나면 신체에 질병을 유발시킨

다는 것이다.

부정적 사고, 고통, 공포의 감정 → 스트레스 → 면역체계 기능장애 + 시간 = 질병

2) 치매 환자의 뇌손상에 따른 조형적 특성

미국 샌프란시스코 캘리포니아 대학의 신경과학자 Bruce L. Miller박사는 치매환자가 그림에 뛰어난 재능을 보인 사례를 1990년대부터 논문 20 여 편을 통해 집중적으로 소개했다. 밀러박사는 특정부위의 뇌손상이 과거에 억눌려 있었던 뇌기능을 되살릴 수도 있다고 말하며, "우리는 이 환자들이 상실한 능력보다는 새롭게 갖게 된 능력에 초점을 맞추어야 한다"고 제안했다. 치매환자들에게 나타날 수 있는 창조적인 능력을 질병 초기 단계에서 자극하는 방법은 상당히 도움이 된다. 밀러박사는 치매임에도 불구하고 환자들이 새로운 능력을 개발 할 수 있다는 사실을 아는 것은 치료에 도움이 될 수 있으며 창조성을 자극하는 것이 질병의 진행을 지연시킬 수도 있을 것이라고 말했다(2005. 유수진).

밀러박사는 그림을 그리는 등의 시각미술(visual art)이 치매증 환자의 재활에 매우 도움이 되는 치료수단이라고 Archives of Neurology(2004)에 발표하였다.

치매환자의 미술활동은 뇌 영역의 다양한 인지과정을 이해하는데 독특한 수단이 된다는 것이다. 치매환자의 우뇌는 수축되어 있는데 매일 반복되는 일을 하게 되면 여러 가지 것을 느끼거나 생각할 필요가 없어지고 새로운 것을 생각하거나 창조적인 기쁨을 경험할 기회가 없어질 때, 우뇌는 부재중인 상태가 된다. 뇌도 사용하지 않으면 퇴화해 버린다는 것이다.

일반적으로 뇌졸중 환자의 뇌손상에 따른 신체화증상은 좌뇌손상에서 우측마비를 일으키고 우뇌손상에서 좌측마비를 일으킨다.

Gardner(1982)에 따르면 왼쪽 대뇌에 병을 가진 사람의 그림은 인지할 수 있는 형태를 단순화하고 세부묘사가 거의 없다. 그는 "사실상 구상적인 미술작업이라 해도, 좌뇌의 손상은 시각-공간적 기능을 위해 우월한 뇌의 부분의 손상에 비해 손상이 적다는 것이 판명되었다."

좌뇌손상환자의 특징은 그림을 그릴 수는 있지만 매우 단순하며, 청각적 이해, 읽기, 쓰기 등 장애를 나타내고 일반적 정서를 보이며 유머감각이 있다. 기억, 운동, 감각적 실어증, 시간적 상황파악 등의 어려움, 분석능력저하, 대상을 거칠게 표현하기 때문에 형상을 올바르게 구성할 수 없고, 순서대로 하는 것도 어렵다. 대상의 실제적인 표현과 세부묘사가 어렵다.

우뇌손상환자의 특징은 무표정한 경우가 많고, 언어장애를 동반하는 경우가 많다. 방향감각, 공간적 표현, 능력의 문제, 연관성이 없는 단편적 형상제작과 형상인지에 어려움을 보인다. 우뇌손상환자들은 작업할 때 그들이 무엇을 성취하려 하며 어느 쪽 뇌 반구의 복원을 시도하며 새롭게 구성하려 하는 것을 파악해야 한다. 전체적인 형태를 잡지만 세부묘사는 못하고 언어에 어려움을 나타낸다.

또한 무시증후군(Neglect Syndrome)이란 뇌손상 후 병변의 반대쪽 공간을 자극하였을 때, 기본적인 감각, 운동장애가 없음에도 불구하고 자극을 인지하지 못하거나 이에 반응하지 못하는 증후군을 말한다. 무시증후군은 좌반구 손상에서도 나타나지만 우반구 손상 시 정도가 더 심하고 오래 지속된다. 이와 같이 무시증후군은 우반구 손상을 의미하는 좋은 임상지표가 되기 때문에 뇌졸증 발생 등 뇌손상과 치료에 중요한 역할을 한다(2002. 나덕렬).

무시증후군은 현대임상 신경심리학에서 가장 자극적인 주제 중 하나가 되었다. 무시는 행동적 표현이 심한 정도와 질적인 유형에 따라 연속되어있는 이질적인 공간적 장애로 가장 잘 개념화 될 수 있다. 무시에는 보다 크고 복잡한 배열 내에서 특별한 양상과 관련된 공간의 무시와 정신적 이미지와 관련된 과제의 경우에서 표현공간의 무시가 나타난다.

이러한 관찰은 시각적 무시가 망막의 일치와는 독립적임을 시사하며 최근의 문헌은 무시가 여러 가지의 감각양식을 포괄하며 개인적 공간 그리고 상상속의 공간의 모습을 취할 수 있다고 제시하고 있다(John R. Crawford. Denis M. Parker. William W. Mckinlay. 1995).

아래 그림은 전형적인 우뇌손상환자의 좌측 공간 무시 그림(그림 3-2, 3, 4)의 사례이다.

[그림 3-2]

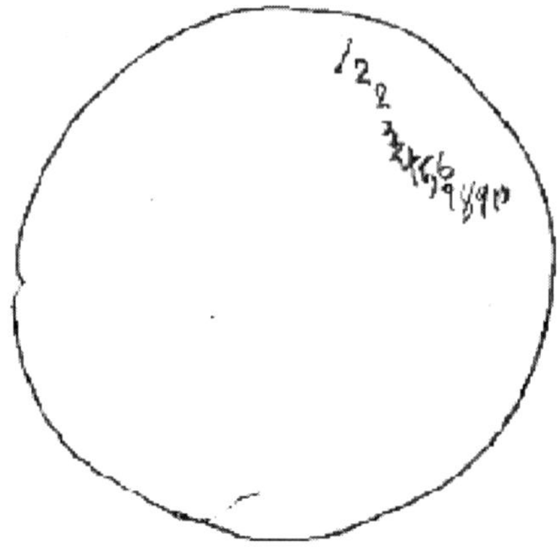

[그림 3-3]

[그림 3-4]

그림 3-4은 우뇌손상노인 내담자의 그림으로 완성된 그림에서 좌측의 채색이 되지 않았음을 치료사가 말을 해도 인식하지 못하였고 몹시 놀라며 한참 후에 바탕색으로 칠해진 주황색이 아닌 다른 색으로 대충 색칠을 하는 모습이 관찰되어 졌다. 무시증후군은 독특한 조형적 특성으로 인해 독자적 연구가치가 있으며, 미술치료를 통한 진단과 치료적 가능성이 있음을 시사한다.

3) 회상작업을 통한 뇌혈류 변화

뇌의 작용은 매우 활발하고도 정교하므로 물질대사도 신체의 다른 어느 부분보다 왕성하다. 뇌의 무게는 성인의 몸무게의 2.5%밖에 안 되지만, 뇌에 흐르는 혈류량은 전체 혈액의 15%에 이른다. 뇌는 신경세포에서 보내오는 산소와 포도당을 사용하면서 활동하고 있다. 신경세포의 활동에 필요한 단백질이나 지질은 신경세포 자체가 포도당으로부터 합성하고 있다. 따라서 물질이나 약으로 뇌의 작용을 좋게 하는 방법은 없다. 뇌의 각 부분에서 산소소비량이 증가하면, 뇌의 혈류량이 증가하게 되며, 뇌혈류의 짧은 시간의 변화는 대동맥, 세 동맥의 혈관수축조절에 의해 이루어진다.

회상은 인생 돌아보기의 일부(Robert Butler, 1963 재인용)로서 특정한 목적을 위해서, 또는 아무런 목적이 없이 일어 날 수 있으며(이영숙, 2001 재인용), 영상매체를 이용하여 회상을 유발하거나, 미술, 음악이나 여러 가지방법을 통해서 과거의 기억을 자극할 수 있는 것이다.

최상균(2005년)은 실험을 통해서 치매노인들이 과거의 삶을 회상할 수 있는 "과거영상자극" 5분, 현재의 삶을 연상할 수 있는 "현재영상자극" 5분을 처치하고, 사전·사후 혈류량의 변화를 비교분석하였다. 그 결과 "현재영상자극"에서는 통계적으로 유의미한 변화가 없었으나, "과거영상자극"에서는 뇌 혈류량이 증가한 것으로 나타났다. 뇌 혈류량의 증가는 뇌세포 활동량의 증가를 의미한다. 이와 같은 연구결과는 치매노인들에게 과거를 회상하는 다양한 미술치료 기법에 활용할 수 있는 근거가 될 수 있다.

김안젤라(2003)는 회상을 주제로 한 집단미술치료가 노인의 자존감과 자아통합에 미치는 영향을 실험집단과 통제집단을 통해서 통계 분석으로 효과를 검증하였다.

상기의 결과에서 보는 바와 같이 노년기의 보편적인 현상인 회상(Reminiscene)은 심리적응과 심리적 안녕을 위한 한 방법으로서 치료측면에 긍정적인 효과를 준다. 치매노인에게 미술치료의 프로그램으로 회상을 이용하는 것이 효과적이라는 사실은 객관적, 과학적으로 입증된 사례이다.

상징화, 복잡한 병진행의 신호를 받아들여야만 한다. 약물치료의 변화는 또한 많은 이들이 인식적 기능과 원동력을 변화시킨 이래로 설명에 포함되었다.

4) 치매노인 미술치료 사례

(1) 국내 사례

1) 치매노인에 대한 미술치료의 효과성 연구(2002, 김영미)

① 연구대상 및 방법 : 대전광역시에 소재한 S치매센터에 거주하는 79명의 모두에 대

해서 K-MMSE 검사와 우울성향 검사를 실시 후에 실험대상을 표집함에 있어 동일한 치매 진단명(Alzheimer 치매), 유사한 인지기능 수준, 유사한 우울성향을 가진 환자 5명으로 구성하여 미술치료 프로그램을 진행하였다.

② 연구 결과 : 실험에 참여한 치매노인 개개인뿐만 아니라 전체집단의 인지기능 수준과 우울수준이 전반적으로 향상되었으며, 추후 측정에서도 향상된 인지기능 수준을 유지하고 있는 것으로 나타났다. 미술치료에 참여한 치매노인의 자발성, 사회성, 표현력 등이 향상되고 문제행동이 감소하는 부수적인 효과를 얻었다. 미술치료에 참여한 치매노인 중에서 인지기능 수준이 높을수록 효과가 높은 것으로 평가됨에 따라 치매 초기 조기미술치료의 필요성이 요구되고 있다.

2) 집단미술치료에서 전시효과의 중요성에 관한 연구(2005, 유경미)

① 연구대상 및 방법 : 경기도에 위치한 E 요양원 입소자를 대상으로 노인 집단에 대해서 미술치료 활동 후 그 결과물(작품)을 대중적인 공간에 전시하여 공개함으로써 가족과 관계자에게 보여 줄 뿐만 아니라 자신의 결과물을 전시하면서 성취감 및 희열을 느끼고, 상호관계성을 형성함으로서 치료효과를 높이기 위한 미술치료 프로그램을 진행하였다

② 연구결과 : 사후 측정에서 자아존중감, 우울감, 무력감, 생활만족도, 참여행동에서 긍정적인 효과를 얻게 되었다. 전시공간이 요양원내라는 제한적인 공간에서 이루어져 만족도면에서 미흡한 면이 있었다. 보다 개방되고 넓은 전시공간이면 효과가 더 높을 것으로 기대된다.

3) 집단미술치료 프로그램이 치매노인의 정신건강에 미치는 효과(2002, 박영애)

① 연구대상 및 방법 : 대구시에 위치한 T 치매센터 입소자 33명을 대상으로 실험집단과 통제집단으로 구분하여 미술치료 프로그램을 진행한 후 결과를 비교하였다.

② 연구결과 : 미술치료 후 다른 사람을 배려하는 행동 변화와 불평불만이 줄고, 우울이나 적대감이 감소, 정신건강의 하위영역인 신체화, 우울, 불안, 정신증이 호전되는 효과가 있었다. 주위집중력이 낮은 치매노인들에게 흥미와 의욕을 끌어 낼 수 있는 프로그램 개발이 요구된다.

(2) 해외 미술치료 사례 소개(Ellen Greene Stewart 요약)

1) 인쇄업자 : Freddie

Freddie는 89세의 노인으로 요양원에 있는 OBS 또는 진행된 치매환자였다. 활발하고 다정한 사람인 그는 스포츠 광 팬으로 훌륭한 운동력을 유지하고 있었고, 인쇄업을 은퇴할 때까지, 많은 양의 실크스크린, 활판 작업, 다른 시각형태의 작업을 해왔다.

처음 그룹수업을 할 때, 성의 구별 없이 윤곽선만으로 인간의 형태를 파스텔로 나타내는 작업에서 그는 그의 형태를 작업하기 시작했고 전체 외곽을 하늘색으로 두르고 전체 머리와 형태의 오른편을 검정과 빨강으로 무겁게 둘렀다. 머릿속에 동심원을 그렸고, 오른쪽 발에는 작은 검정색 원들을 그렸다(그림 3-5). 그 불균형한 형태는 Freddie가 빈 종이를 채울 때마다 2~3가지 색상으로 반복되었다. 이는 그림에서 반복된 오른편은 왼편의 뇌보다 더 손상된 부분을 나타내는 것으로 평가되었다.

다른 그룹수업에서 Freddie는 빈 종이와 색연필을 받았을 때, 종이의 중앙에 배구네트를 그리고 배구코트의 구성요소인 포인팅라인과 단어들을 그리고자 했다. 대부분의 경우 단어의 스펠링은 정확하고 글씨는 명확했다. 예견할 수 있는 것으로서, 병이 진행될수록 그 단어는 정확성이 떨어지고 그림은 세부묘사가 약해졌다. 그는 종이의 빈공간이 많아졌고, 더 적은 색상을 사용하고 작업할 때 중얼 거렸다. 어느 날 그가 초조해할 때 나는 빨리 티셔츠의 윤곽선을 그리고 채우도록 했다. 그는 오렌지색 파스텔을 들고 몇 가지 팀로고를 그렸고 연필로 "Hock"처럼 불완전한 단어(Hockey[하키])를 적고 연도를 나타내는 숫자를 적었다. 그는 인쇄업자로서 그의 생애와 그가 얼마나 하키를 좋아하는 지에 대해 말하기 시작했다. 점점 그는 안정되어 갔다.

Freddie는 그림을 그릴 때는 언제나 유별났다. 그는 한 시간, 때때로 더 오래 작업할 수 있었으며, 그림을 그리지 않을 때는 언제나 걷고, 돌아다니고, 불안한 신호를 계속 보였다. 사람들의 주의력을 빼앗는 병을 갖게 되면, 진행된 치매와 함께 집중력이 없어진다. Freddie가 그래픽디자인과 그림 그리는 직업을 가진 이후, 그의 시각적, 공간적 기술은 숙달되었다. 이전에 설명한 것과 같이, 그런 숙련된 기술은 치매의 진행과정에 더 저항하도록 해주기도 한다.

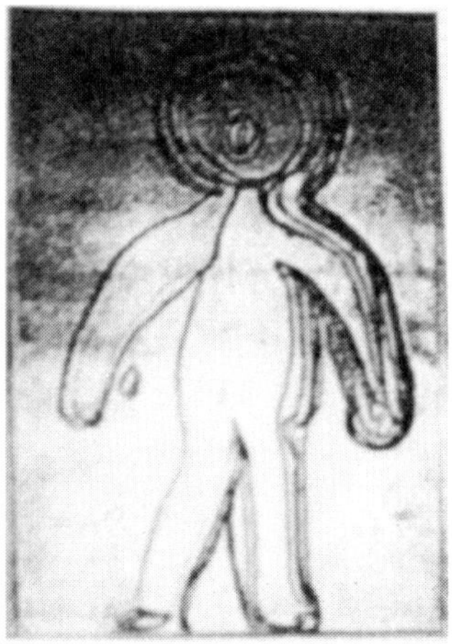

[그림 3-5]

2) 농장 소녀 : Martha

Martha는 심각한 정신 이상적 병력과 OBS, 뇌의 정수리 중앙부의 발작의 결과, 오른편이 약해진 채로 요양원에 들어왔다. 그녀는 말할 수 있었고, 휠체어를 타고 다녔으며 약한 표현으로 신호를 보이곤 했다. 질문 결과, 그녀의 낙심은 최근 그녀의 육체적 기능이 감소하는 것과 관련이 있는 것으로 보였다. 농장에서의 그녀의 삶에 대해 말하고 싶어했고 동물을 향한 사랑에 대해 열정적이었으나, 보통의 치매증상을 보였다.

그녀는 몇 번 결혼을 했었으며 과부였고, 자식들과 전혀 교류가 없었다. 그녀의 솔직함이 일하는 직원들의 기분을 상하게 하는 경우가 많은 아주 거리낌 없이 말하는 사람이었다.

개인적으로 분노를 줄이거나 막는 것을 확인하고 그녀에 대해 알기 위해, 꼴라쥬 상자, 빈종이, 딱풀로 작업하기 시작하였다. 처음에 시작하기는 어려워했지만, 마침내 몇 가지 사진을 골라 작업이 진행되었다. 그림 그리는 것과 진흙작업, 만들기에 흥미를 잃은 후, 콜라쥬 같은 종류의 작업을 많이 했다. 작업 중에 그녀가 가장 좋아하는 것은 "내가 좋아하는 것들"이라는 작품을 그녀의 방에 걸어주었다. 그것은 많은 동물들과 농장의 이미지들이 포함되어 있었고 그녀를 위로하는 것처럼 보였다. 그녀는 항상 오래전에 팔린 농장으로 돌아가는 것에 대해 물었다. 그녀의 인생에서 그 시기는 그녀가 육체적, 정신적으로 자신을 돌볼 수 없는 때였다. 마침내 그녀는 자살을 할 것 같은 징후를 보였다. 그녀의 치매가 진행됨에 따라 그녀는 말할 때 더 적은 단어를 사용하게 되었고 좌절감에 소리치는 경향을 보였다.

그녀에게 농장에서 그녀를 돌보는 이가 아무도 없고, 그녀로부터 아무도 그녀의 기억을 빼앗아갈 수 없다는 사실을 훈련시켰다. 그녀는 약간 만족했고 피곤함을 보였으나, 무릎에 박제된 강아지를 올려놓고 그녀의 휠체어에서 잠이 드는 것으로 종결이 되었다. 마침내 그녀의 자살조짐과 우울증은 감소되고 육체적 건강은 점점 호전되었다. 콜라쥬, 특히 그녀가 좋아하는 것들로 완성된 것을 소중히 간직하게 하여 매일 상기시켜 주었다.

3) 끊임없이 걱정하는 사람 : Catherine

Catherine은 매우 작고 허약한 90대 초반의 심각한 치매를 앓고 있어 그녀의 딸의 집에서 더 이상 돌볼 수 없는 여성이었다. 그녀는 애정이 깊은 세 명의 딸이 있었고, 그들 중 두 명은 먼 곳에 살고 있어 자주 방문하지 못했다. 그녀는 상습적으로 도움을 소리쳤으며, 반복적인 긴장상태였고, 집에 갈 버스와 페리를 놓치는 것에 대한 걱정과 학교에서 곧 돌아올 그녀의 아이들, 그녀가 충분한 돈을 가지지 않은 것에 대한 걱정을 했다. 그녀의 딸은 어머니가 항상 무언가를 걱정하고 있으나, 현재의 걱정에 대해서는 놀라지 않는다는 증언을 했다. 그녀의 걱정은 거의 아침에 시작되었고 하루가 끝날 때 더 강해지는 전형적인 "Sundowning Syndrom[일몰증후군]"이었다. 일몰은 치매환자가 하루가 끝나갈 때 더 동요되는 일반적인 현상이었다. 많은 추측에도 불구하고 이 현상의 원인은 알려지지 않았다. 그녀는 전형적으로 주의집중주기는 최대 5분이었으며, 항상 진정되지 못했음에도 불구하고 콜라쥬 박스의 이미지들을 규격에 맞추어 자르는 작업을 진행했다. 그녀가 특히 불안해하던 어느 날, "나를 기분 좋게 하는 것들"이라는 작업을 했다. 그녀의 아이들에 대한 사랑을 알았고, 박스의 바닥부터 자유롭게 이미지들을 꺼내도록 했다. 그 이미지 가운데 그녀는 다양한 연령대의 어리 아이들, 치즈 샌드위치, 초콜렛 케잌과 브라우니, 지인의 사진, 모든 가족의 머리가 원안에 있는 그림을 골랐다. 그 작업을 마치는 것에 대해 어떻게 느끼는지 물었을 때, 그녀는 "여기 있는 모든 사람은 행복하다. 음식도 훌륭하고 그들이 그것을 먹을 때 기분 좋아 질 것이다."라고 대답했다.

작업 중에 그녀가 잃어버린 한 아이에 대해 말했으며, 울기 시작했고 아주 오래전 어린 아이를 잃어버렸다고 말했다. 그 후 그녀의 무릎에 안기도록 인형을 준 후에 그녀는 잠잠해졌다.

4) 자신이 의사라는 치매환자

자신을 의사라고 부르라고 주장하는 그녀는 숙련된 간호가 필요한 94세 노인이었다.

내과의사 출신인 그녀는 보통보다 심각한 치매증상을 가지고 있었고 사람들과 이야기하는 것을 즐겼었다. 그녀의 말하는 형식은 지적인 대화를 흉내 냈으나 내용이 고등학교수준보다도 낮았다. 그녀가 종이에 재미있는 패턴들을 동등하게 작업하는 것을 볼 때면, 그녀는 "내 그림은 재미있는 결과물이에요."라고 말하곤 했다. 종종 미술재료를 이용한 작업을 거부했으며, 그룹수업에서 다른 사람들을 보면서 자신은 참여하지 않았다. 어느 날, 그녀에게 처방전을 써줄 것을 요청했을 때, 그녀는 분필을 들고 무언가 낙서를 한 뒤 자신의 이름을 정확하게 서명했다. 그녀는 왜 내가 처방전이 필요한지 물었고 나는 열이 있다고 했다. 다음 수업에서, 그녀는 검은 종이에 분필을 문지르기 시작했고 그때 색이 혼합되었다. 그녀는 빨강과 노랑이 섞이면 오렌지칼라가 되는 것을 설명하며 초등학교 때 배웠다는 것을 기억한다고 말했다. 그녀 스스로의 독창력으로 그녀는 적절한 색의 분필로 다양한 색상을 이용해 이름을 쓰기 시작했고, 그 때 검은 종이를 가로질러 "초록색을 추천해." 그것은 내가 가장 좋아하는 것 중 하나였다 ; 종이에 색상들을 이용해 자신의 무언가를 표현할 수 있었다.

다른 수업에서, 그녀의 양손을 대고 그려 그 안을 채울 것을 요청했다(그림 3-6). 그녀는 이 작업이 아마도 내과의사로서의 자신의 역할을 상기시켜주었는지 즐거워했다. 그녀는 아픈 환자들을 돌보던 자신의 손에 대해 말했다. 마침내 그녀는 자신을 수채화물감, 템페라그림물감, 진흙 같은 재료로도 작업을 하게 되었다. 대인관계가 원만한 사람은 아니었지만, 테이블에 앉아 다양한 색상, 매체로 작업하고 그것을 보는 것을 즐기는 것처럼 보였고, 미술치료 그룹에 참여하게 되었다.

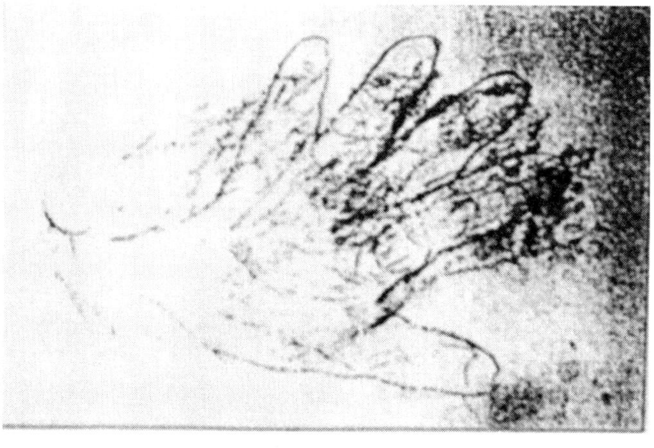

[그림 3-6]

5) 노인을 위한 미술치료 프로그램

전체(총15회) 프로그램 목록

회기	프로그램 제목	목 적	활동 형태
1	동그라미만다라 작업/ K-HTP(진단)	주의 집중력, 시공간적 지각 및 구성능력, 전두엽 관리 기능	그리기, 색칠하기
2	ㅁ,△,○ 똑같은 모양 찾아 구성하기	시공간기능 향상, 주의집중력/ 색, 모양 구분력 향상	구성하기, 붙이기
3	시계 만들기	시공간적 지각 및 구성능력/ 전두엽 관리 기능, 기억력학습	구성하기, 색칠하기
4	추석과 설날 상차림 비교해 그리고 꾸미기	시공간적 지각 및 구성능력, 전두엽 관리 기능, 운동능력, 기억력강화	구성하기, 그리기, 색칠하기, 붙이기
5	먹물난화작업	시공간기능 향상, 색, 모양 구분력 향상, 상상력·사고력 향상	그리기, 이미지찾기, 색칠하기, 오려붙이기
6	소중한 보물상자 만들기	자기발견-소중한 기억, 주의집중력, 시공간적 지각 및 구성능력, 전두엽 관리 기능	이미지찾기, 오려내기, 붙이기, 색칠하기
7	달력 만들기 1 —봄, 여름	학습 및 기억능력, 시공간적 지각 및 구성능력, 전두엽 관리 기능, 언어 및 언어관련능력	그리기, 색칠하기, 숫자정리하기, 붙이기
8	달력 만들기 2 —가을, 겨울	학습 및 기억능력, 시공간적 지각 및 구성능력, 전두엽 관리 기능, 언어 및 언어관련능력	그리기, 색칠하기, 숫자정리하기, 붙이기, 오려내기
9	점토작업 —가족 얼굴 만들기 (장/단점나누기)	감각작업, 시공간적 지각 및 구성능력, 전두엽 관리 기능	주무르기 만들기, 색칠하기
10	석고본뜨기—손작업	시공간적 지각 및 구성능력, 전두엽 관리 기능	자르기, 본뜨기 색칠하기
11	젖은도화지 색채물감작업	색채지각 및 자유연상능력, 전두엽 관리 기능, 감정 및 정서	물감(붓)칠하기, 생각하기, 이야기하기
12	도형을 이용한 고향풍경(집) 꾸미기	시공간기능 향상, 주의집중력/ 색, 모양 구분력 향상	구성하기, 조립하기, 생각하기
13	회상작업(꼴랴쥬 작업 —결혼, 출생, 졸업)	시공간적 지각 및 구성능력, 전두엽 관리 기능, 감정 및 정서	생각하기, 잡지오리기, 붙이기
14	신체상작업 —색동옷(한지)입히기	시공간적 지각 및 구성능력, 전두엽 관리 기능, 운동능력, 신체인지지각	신체본뜨기, 한지오리기, 붙이기, 구성하기
15	소원나무 집단작업	시공간적 지각 및 구성능력, 전두엽 관리 기능, 감정 및 정서	구성하기, 만들기, 오려붙이기

치매 노인들을 위한 미술치료 기법

미술재료는 감각경험에 비중을 많이 두는데, 이것은 뇌 활동의 자극과 개인사와 관련된 경험을 일깨워 주기 때문이다. 치매환자의 행동과 정서의 고착성을 고려하여 유동적이고 색조가 있는 재료를 사용한다. 기법적으로는 단순하고 반복되는 형태에 중점을 둔다(정여주, 2006).

- 감각과 근육 및 운동성을 자극할 수 있는 기법과 재료 사용
  지점토나 색 점토에 인조꽃이나 자연물 구성하기, 손이나 손가락으로 점토 누르기 및 점토 굴리기와 만들기

- 자연물이나 음식재료를 이용한 작업

- 각각의 다른 재료가 들어있는 헝겊주머니들을 만들어 안을 만져보거나(촉각) 흔들어 봄으로써(청각) 내용물 확인하기와 형태 재구성하기

- 색의 구별과 형태의 구별(몬테소리 색환 및 감각교구 이용 및 응용)

- 색 혼합(색 점토 이용, 일차색의 구별과 혼합, 이차색 만들기)

- 각기 다른 질감과 색이 있는 천을 이용한 미술활동, 인형옷 만들기, 동물인형 만들기, 소품만들기

- 음악 들으면서 그리는 핑거페인팅, 양손으로 그리기

- 찢기와 미술작업(신문지, 티슈, 색종이 등을 찢어서 구성하기), 찍기작업(스펀지나 찍기용 소품)

- 만다라 그리기(규칙적이고 반복적 리듬이 있는 만다라 문양을 색연필이나 파스넷으로 칠하기), 점토로 집단 만다라를 만들기

• 회상요법 : 결혼예복, 앞치마, 집안일에 관한 것, 부엌일에 관한 것, 자녀들의 입학과 졸업 및 결혼식 행사, 유아기 놀이 등에 대해서 그리거나 콜라쥬 작업

• 젖은 종이에 그리기, 데칼코마니(젖은 종이와 마른종이 이용) : 수채화 물감이나 포스터컬러

• 콜라쥬 작업 : 자연풍경이나 인물, 패션, 음식 등과 관련된 사진 오려 붙이기 (치료사가 사전에 다양한 종류의 사진들을 잡지나 신문 등에서 오려 분류해서 재료로 제시할 수 있음)

- 실제 사용 기법 -

1. 포도만들기 1, 2

* 준비물 : 점토, 종이, 크레파스
* 효　과 : 촉각발달, 유년 시절의 기억 및 회상, 수·모양 인지, 계절 인식, 기억 회상
* 방　법 : - 점토를 조금씩 뜯어 책상에 올려놓는다.
  - 제시된 포도모양을 인식하게 하고 포도알의 수에 맞게 만들어 올려놓기, 수 인식
  - 포도송이를 보면서 과거의 추억을 회상하고 포도밭이나 포도 따먹기, 포도주 등에 대한 것을 기억하게 한다.
  - 전 시간 한 작품에 채색을 하는 활동으로 발전시켜 본다. 포도에 관련된 추억, 계절에 관련된 추억에 대해 대화를 나누어 본다.

2. 포도작업(요일, 숫자) — 수 인지 매칭작업(응용)

* 준비물 : 포도 도안이 있는 종이, 숫자스티커, 모양스티커
* 효　과 : 수·모양 인지, 계절 인식, 기억 회상
* 방　법 : - 제시된 모양이 포도모양임을 인식하게 한다.
  - 제시된 포도모양의 포도 알 수를 인식한 후 모양에 맞게 색 스티커를 붙여나간다.

- 포도모양에 제시된 수, 요일을 매칭하여 작업 후 색을 구분하고 색스티커를 붙여나간다.
- 작업 후 수·요일·색 인지, 포도 계절 인지

3. 달력 만들기1(계절/ 날씨표현작업)/ 달력 만들기2(요일, 날짜)

* 준비물 : 1~31까지 적힌 종이, 풀, 화지, 크레파스 등 드로잉 재료
* 효　과 : 숫자의 개념, 날짜 개념, 지남력 증진
* 방　법 : - 계절적 주제에 맞는 다양한 재료를 이용하여 제시된 공간을 붙이고 꾸며보며 계절에서 떠오르는 기억들에 대해 이야기 나눈다.
  - 현재 몇 월이고 무슨 계절인지 인지하게 한다.
  - 그 계절에 특징적인 사물에 대해 생각해 보고 표현해 본다.
  - 다음시간의 달력의 그림으로 사용하여 기억하며 연결될 수 있도록 한다.
  - 제시된 공간에 요일과 숫자를 순서대로 인지하며 붙여나가게 한다.
  - 전 시간 달력그림을 붙이고, 완성한 달력의 맨 위쪽에 몇 월인지 표시한다.
  - 전업 후 월, 요일, 날짜를 확인하고 치료자와 만나는 요일과 오늘의 요일에 표시하고 인지하게 한다.

4. 도형구성작업(도형을 이용한 고향풍경 꾸미기)

* 준비물 : 풀, 화지, 도형 종이, 크레파스 등 드로잉 재료
* 효　과 : 시공간기능 향상, 같은 모양을 찾는 구분력의 증진, 공간구성의 향상
* 방　법 : - 제시된 도형과 색, 크기를 구분하고 인식하도록 한다.
  - 치료자가 제시하는 모델링 순서를 보며 같은 도형을 찾아 화지에 적절하게 순서대로 구성하여 본다.
  - 제시된 순서로 작업 후 완성된 모양에 대해 인지하고 연상되는 것, 회상되는 것에 대해 이야기를 나누고 꾸며본다.
  - 작업 후 모양, 색, 방향, 위치에 대해 인지하도록 한다.

5. 주사위 만들기(상자모양만들기—숫자작업)

* 준비물 : 풀, 전개도, 도형 색종이, 숫자 스티커, 크레파스 등 드로잉 재료
* 효　과 : 시공간기능 향상, 주사위 만드는 방법을 익히며 수 개념의 증진

* 방　법 : – 제시된 네모모양을 인지하게 하고 전개도에 나타난 네모모양과 수를 인지하도록 한다.
– 제시된 6개의 네모색종이를 모양에 맞게 붙인 후 색을 인지하도록 한다.
– 1~6가지 수를 인지하고 숫자스티커를 이용해 수를 인지하며 붙이고, 각 수에 맞는 개수를 인지하며 색스티커를 붙이며 수를 인지하도록 한다.
– 작업 후 작업과정, 색, 수에 대해 인지하고 주사위를 돌려가며 수를 인지하는 응용활동을 하여본다.

6. 데칼코마니(동기유발, 흥미유발)

* 준비물 : 종이, 수채화물감
* 효　과 : 작업에 흥미 유발, 집중력 향상
(우연의 효과를 통한 만족감과 미술표현에 거부감을 감소시켜 흥미를 가질 수 있도록 한다.)
* 방　법 : – 제시된 화지를 반쪽으로 종이접기를 한 후 오른쪽과 왼쪽을 구분하여 본다.
– 제시된 수만큼 색을 선택/ 제시하는 색을 구분하여 색을 선택한다.
– 점차 물감의 색을 늘려가고 색의 이름과 사용한 색의 개수를 익힐 수 있도록 한다.
– 화지에 제시된 위치에 제시된 수만큼 물감을 찍어서 표현하여 본다.
– 표현 후 작업과정에 대해 기억해보고 사용한 색, 수를 인지한 후 연상되는 모양을 토의한다.

7. 화투(Flower cards) — (보고그리기, 기억하기)

* 준비물 : 화투, 캔트지, 크레파스, 색연필, 파스텔 등
* 효　과 : 친밀감 형성, 인지력 향상, 소근육 발달, 기억력 향상, 치매예방 등
* 방　법 : 12개월 상징의 의미를 통해 운세보기, 짝 맞추기, 게임하기(고돌이, 민화투, 나이롱 뽕), 이야기 만들기 등

8. 물감불기 — 이미지완성하기, 나뭇잎찍기, 그림보고그리기 등

기법사진들

(꼴라쥬 작업)

(곡물 만다라)

(포도 작업- 요일, 숫자)

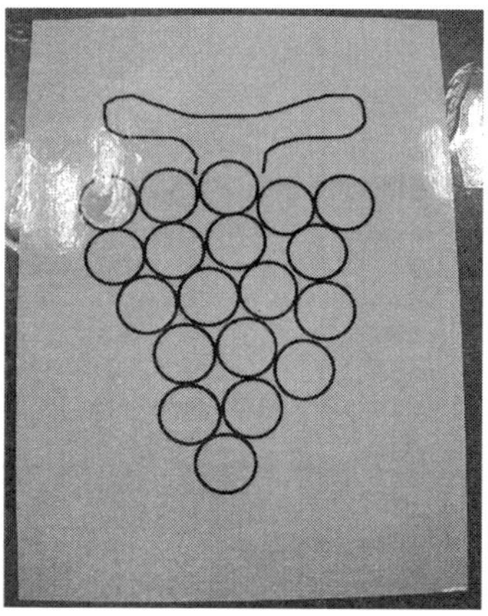

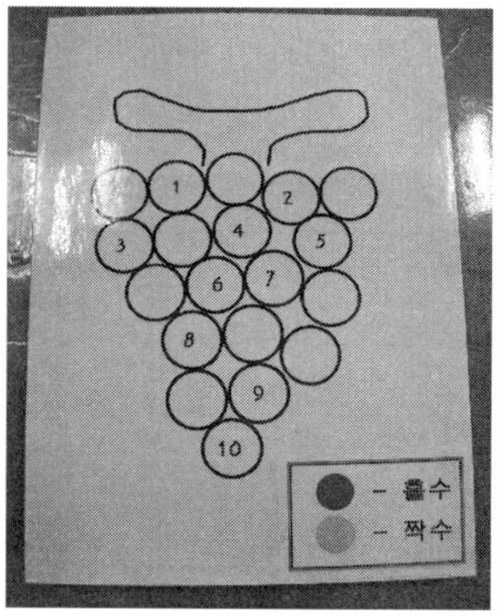

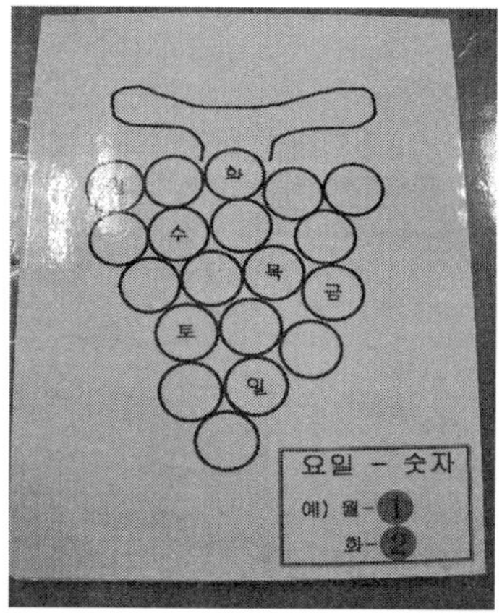

(주사위 만들기)

(달력만들기)

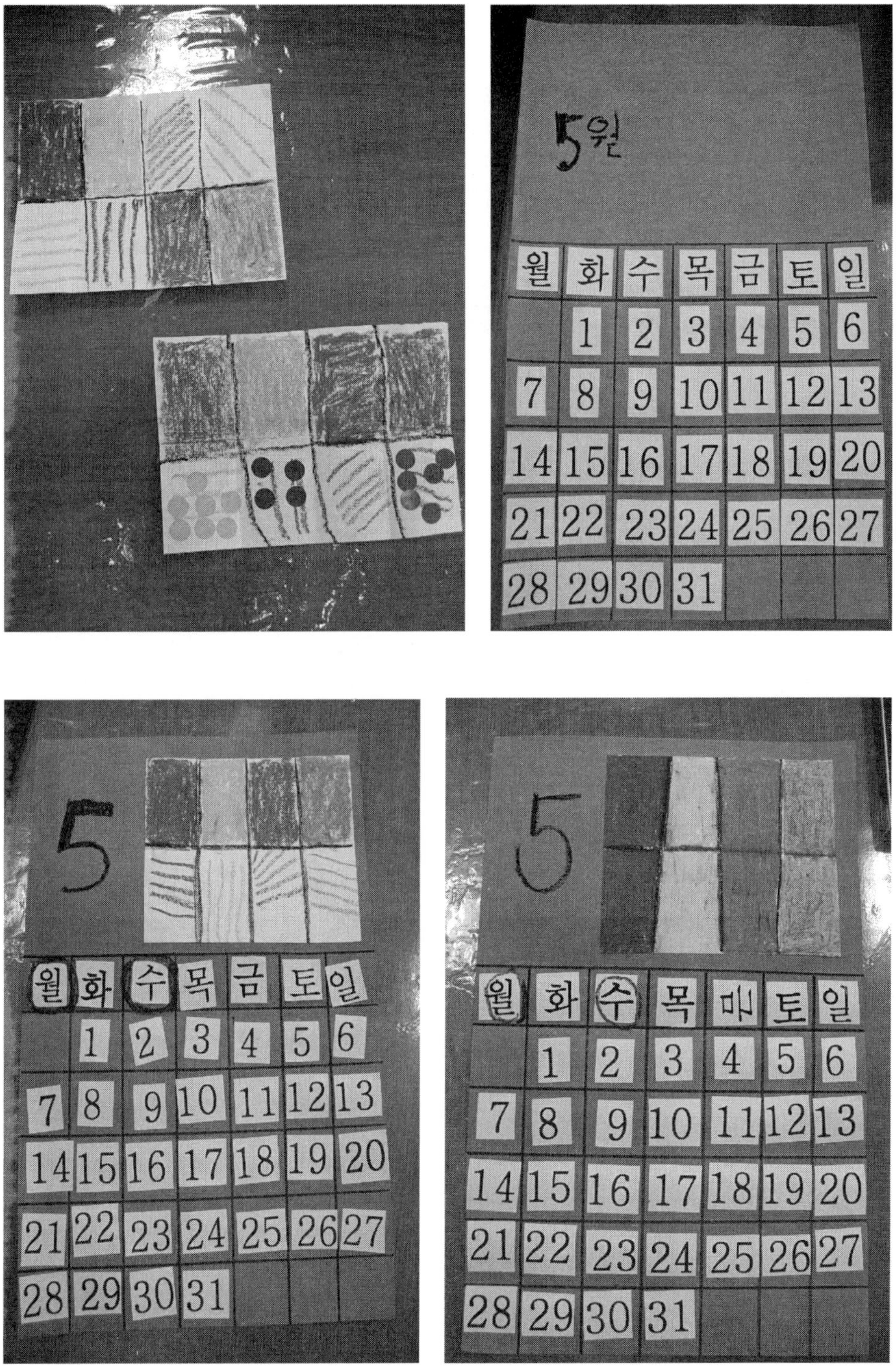
5월
월 화 수 목 금 토 일
1 2 3 4 5 6
7 8 9 10 11 12 13
14 15 16 17 18 19 20
21 22 23 24 25 26 27
28 29 30 31
5
월 화 수 목 금 토 일
1 2 3 4 5 6
7 8 9 10 11 12 13
14 15 16 17 18 19 20
21 22 23 24 25 26 27
28 29 30 31
5
월 화 수 목 토 일
1 2 3 4 5 6
7 8 9 10 11 12 13
14 15 16 17 18 19 20
21 22 23 24 25 26 27
28 29 30 31

도형구성작업3(도형을 이용한 고향풍경 꾸미기)

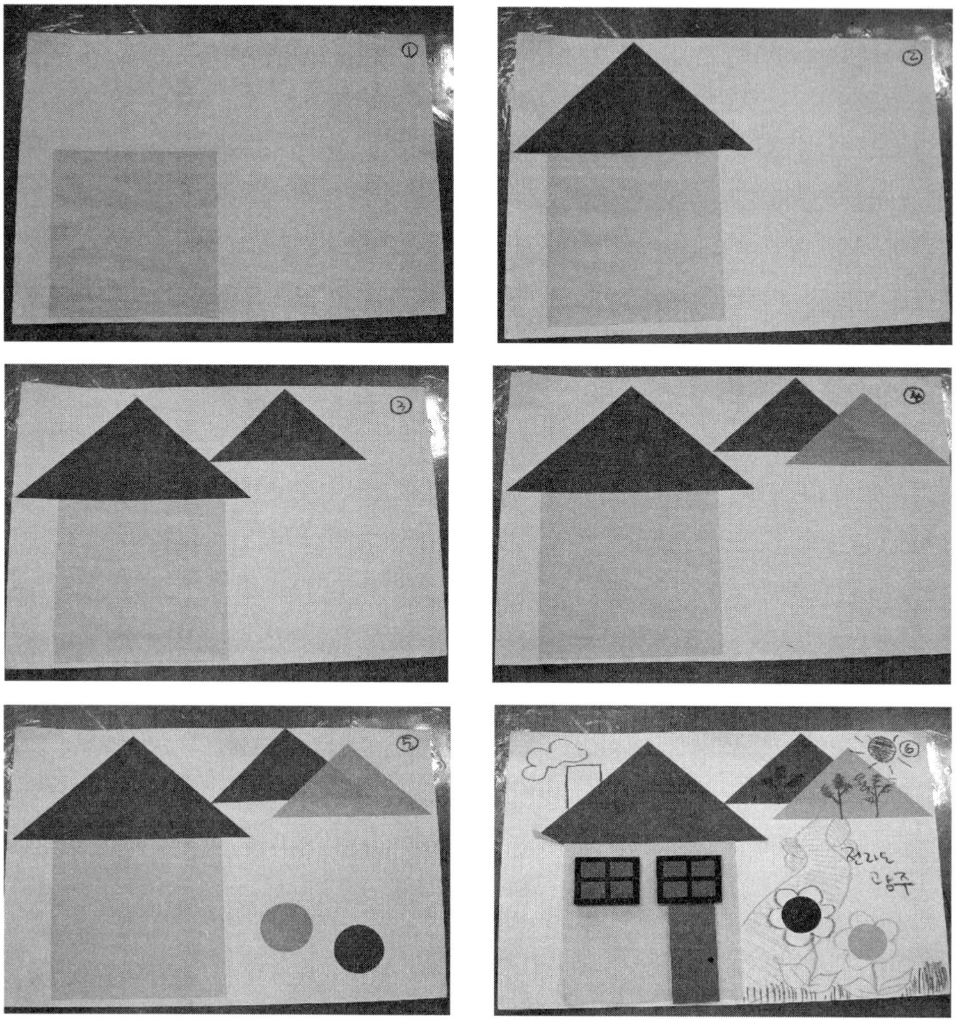

도형구성작업4(도형을 이용한 고향풍경 꾸미기) - 입체

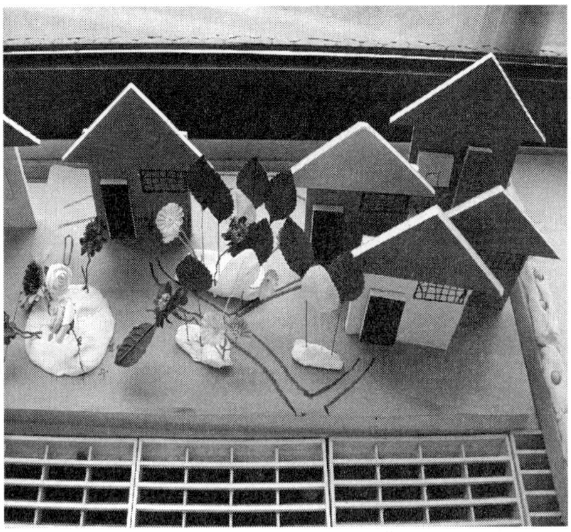

(먹물작업)

(부채먹물작업)

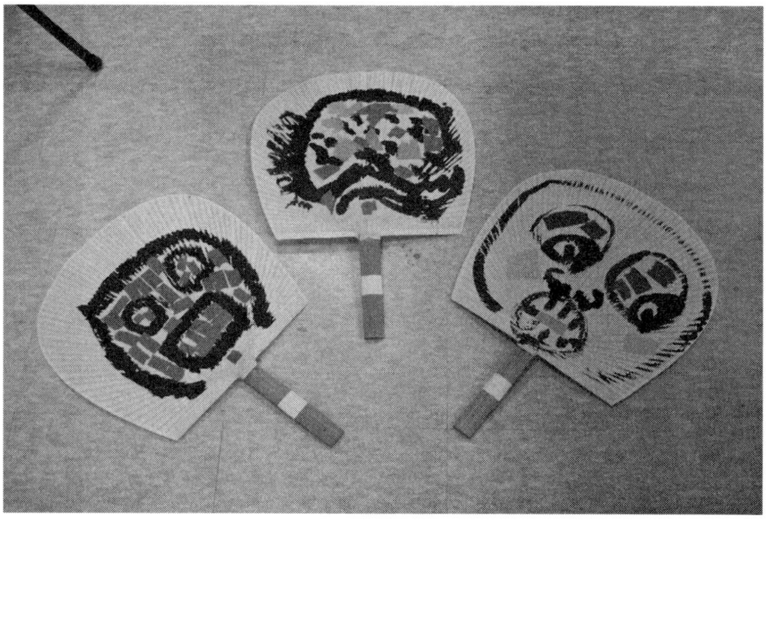

(나비대칭그림)

(부채꼴라쥬작업)

(먹물난화작업)

(나뭇잎찍기)

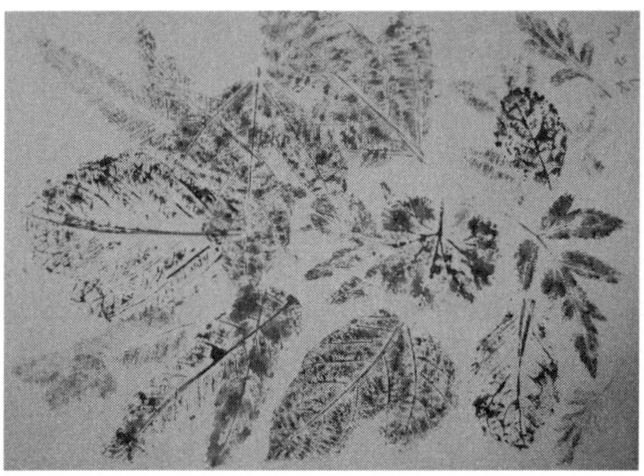

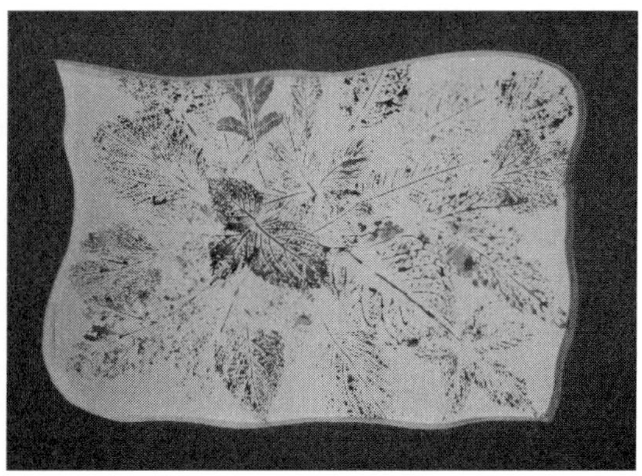

(화투그림)

(면구성)

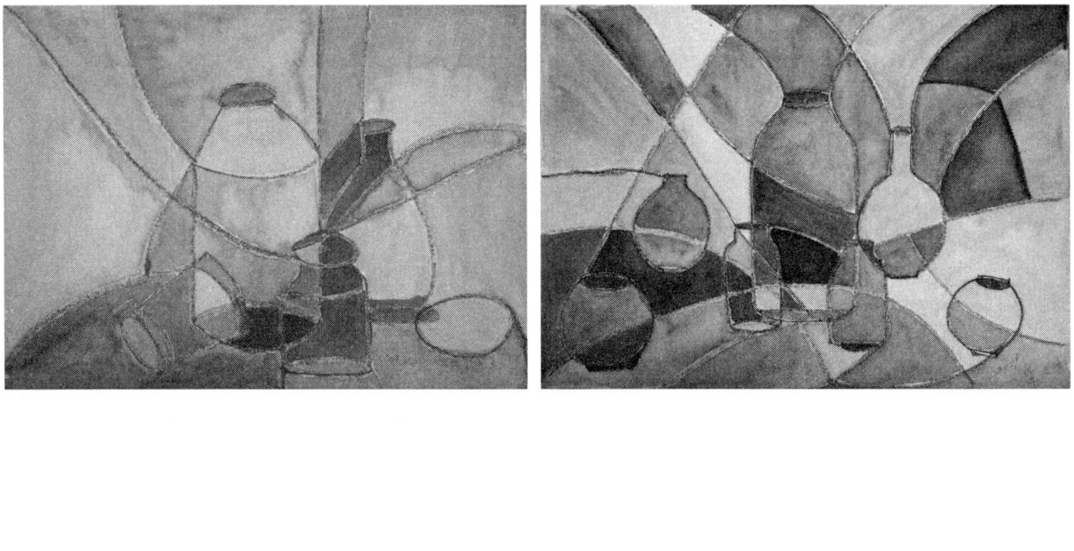

(물감불기)

참고문헌

최상균(2005). 영상을 통한 회상자극 미술치료가 치매노인의 뇌혈류 변화에 미치는 영향. 석사학위 청구논문. 원광대학교 동서보완의학대학원

표현순(2005). 집단미술치료가 치매노인의 기억 및 일상생활에 미치는 효과. 석사학위 청구논문. 원광대학교 동서보완의학대학원

김영미(2001). 치매노인에 대한 미술치료연구. 목원대학교 석사학위논문

박영애(2002). 집단미술치료 프로그램이 치매노인의 정신건강에 미치는 효과. 대구대학교 석사학위논문

윤영옥(2001). 집단미술치료가 치매노인의 문제행동에 미치는 효과. 대구대학교 석사학위논문

윤종호(2000). 집단미술치료가 치매노인의 행동과 정서에 미치는 효과. 대구대학교 석사학위논문

한국예술치료학회(2003). Lori A.Thal.

예술치료 ; 건강과 행복에 관련된 내면자아의 탐색

제34회 미술치료연수회(2001. 11. 3.). 한국미술치료학회

한국예술치료학회(2004). 최영순. 치매노인의 미술치료

권중돈(1994). 한국 치매노인 가족의 부양부담 시정에 관한 연구. 박사학위청구논문. 연세대학교 대학원

김동연·신현옥(1999). 치매노인의 미술치료 사례연구. 제6회 한국미술치료학회

표현예술치료협회(2004). 표현예술심리치료

국제학술대회 자료집(p. 141-160). 한국미술치료학회

대한노인정신의학학회(1998). 노인정신의학. 서울 : 중앙문화사

박종환·이윤로(1997). 치매의 원인과 치료. 서울 : 학지사

유수진(2005). 노인미술치료에서 치매 뇌졸중 환자 작품의 조형심리학적 고찰. 석사학위청구논문. 원광대 동서보완의학대학원

오선미(2004). 성인미술치료의 자화상에 나타난 불균형 조형감각에 관한 연구(정신분열 필로폰 중독, 치매환자의 일반성인 자화상 비교), 석사학위청구논문. 원광대학교 동서보완의학대학원

윤영옥(2001). 집단미술 치료가 치매노인의 문제행동에 미치는 효과. 석사학위청구논문

대구대학교 재활과학대학원
한국미술치료학회(1994). 미술치료의 이론과 실제. 동화문화사
이근후외 역(1993). 최신임상정신의학. 서울 : 하나의학사
이정희(1997). 치매환자 간호-진단과 치료적 접근. 대한간호협회 보수교육교재
김옥경외 공역. 2005. 예경사. 몸과 마음을 살리는 미술치료
이혜원(1998). 노인복지론. 서울 : 유풍문화사
미술치료학개론(2006). 김진숙역-학지사
노인미술치료(2007). 정현희·이은지 공역-학지사
미술치료에서 본 마음의 세계(2008). 전영숙·유신옥 공역-이문출판사
예술과 정신분석(1998). 정장진역-열린 책들
Art therapy : Journal of American Art therapy Asssociation 21(3) pp 148-155@ AATA.inc. 2004
Art Therapy and Neuroscience Blend : Working with Paients Who Have Dementia. Ellen Greene Stewart, Roxbury, NY
Tarsitano Michele Ann.(1991). Art therpy as enhancement of quality of life for Alzheimer's client. Ursuline College Graduate Studies.
http://www.nanet.go.kr

제4장

원예치료의 이론과 실제

제4장 원예치료의 이론과 실제

조 문 경(건국대학교 농축대학원 원예치료학과 외래교수, 해븐리병원 원예치료사)

1. 원예치료의 개념

1) 원예치료의 정의 및 특징

원예치료(horticultural therapy)는 문자 그대로 'horticulture'의 '원예'와 'therapy'의 '치료' 또는 '요법'의 합성어이다. 우리나라 도입 초기에는 '원예치료' 또는 '원예요법'으로 혼용되었으나, '치료'는 보다 적극적이면서 직접적인 뜻이 내포되어 있는 반면 '요법'은 치료보다는 수동적이고 간접적인 도움까지 포함한다는 이유와 각 의미에 대한 사회적 평가 및 호소력, 다른 비약물적 치료와의 균형 등을 고려하여 점차 '원예치료(園藝治療)'라는 단어로 정착되었다(Son 등., 2006).

일반적으로 원예치료란 "식물 또는 식물을 이용한 여러 가지 활동(원예활동)을 통하여 사람의 정신과 신체의 작용을 개선 혹은 유지시키는 활동"이라 할 수 있다. 여기서 '식물'이란 반드시 원예식물만이 아니라 경우에 따라서는 다양한 식물을 포함한다. 또 '정신과 신체 작용을 개선 혹은 유지한다'는 것은 치료를 통해 기능의 향상을 꾀하는 것과 더불어 현 상태를 지속적으로 유지시키는 것도 치료의 한 방편이라고 보는 것이다. 예를 들어 고령자의 경우, 건강하다 하더라도 노화로 인해 자연스럽게 정신과 신체기능이 쇠퇴되면 치료를 통한 향상을 꾀하는 것이 어려울 수도 있으나 되도록이면 향상을 목표로 하여 쇠퇴를 늦추는 것, 즉 현재의 기능과 상태를 유지하는 것을 치료의 목표로 삼을 수 있다.

이러한 원예치료는 큰 테두리의 원예치료 안에서 원예복지와 원예치료로 다시 구분할 수 있다. 원예복지는 인간의 행복, 심신의 건강, 인간적 성장, 그리고 보다 좋은 인간관계의 구축과 지역사회의 발전 등을 포함한 삶의 질(QOL) 향상을 증진하기 위하여 원예가 가진 여러 효용성을 적극적으로 활용하려는 것을 말하며, 심신의 건강뿐만 아니라 장애의 호전을 위해서 치료나 재활이 필요한 사람에게는 단순한 복지 차원의 도움보다 전문적이고 효과적인 치료방법이 필요할 것이고 이를 원예치료 라고 할 수 있다. 다시 말해 원예치료는 말 그대로 일종의 대체의학적·비약물적·의료적 치료행위로서 고도의 전문성과 그 결과가 요구되지만, 원예복지는 의료적인 행위보다는 건강증진, 교육, 직업재활, 스트레스 해소, 인간관계 증진 등과 같은 보다 넓은 의미의 복지 차원의 전문영역이라 할 수 있다. 따라서 과거의 넓은 의미의 원예치료는 좁은 의미의 원예치료와 그 밖의 원예복지로 분리하여 생각하는 것이 좋을 것이다.

2) 원예치료의 특징

다른 대체치료들과 구별되는 원예치료의 독특성을 살펴보면 다음과 같다.

(1) 생명을 매개체로 한다.

원예치료는 식물, 즉 살아 있는 생명을 매개체로 하는 치료법이다. 대상자는 식물의 생장, 개화, 결실 등의 변화하는 모습을 통해 무생물과는 다른 교감을 가지게 된다. 이것은 동물을 다루는 것보다 더 손쉽고 자연스러울 수 있다. 그리고 다양한 식물을 통해 시각, 청각, 미각, 촉각, 후각의 오감을 자극받을 수 있는 특징이 있다.

(2) 상호 역동적이다.

원예치료는 대상자가 단순히 어떤 작업과정을 이해하고 그에 따른 행위를 수행하는 것으로 끝나는 것이 아니라 대상자와 식물 간의 상호작용으로 이루어진다. 대상자가 씨앗을 파종하고 물을 주면서 정성껏 관리한다면, 새싹이 나오고 꽃이 피고 열매가 맺을 것이다.

그러나 씨앗을 파종하고 난 뒤 무관심하게 방치해 둔다면 아무런 결과도 얻을 수 없을 것이다. 즉, 대상자의 행동과 관심에 따라 식물의 상태가 달라지기 때문에 대상자는 그런 식물의 반응을 보면서 자신감이나 책임감을 느낄 수 있다.

(3) 창조적 파괴가 가능하다.

원예치료를 통해 식물을 키워 수확물을 생산하고, 그것을 이용하여 만든 장식품으로 주위 환경을 개선하거나 다른 사람에게 선물을 줄 수 있다. 또한 장식품을 만드는 과정에서 식물을 자르고, 꽃과 잎을 따서 눌러 말리고, 열매를 따는 등 생명을 파괴하는 행위를 하게 된다. 그렇지만 그러한 행위가 단순한 생명 파괴로 끝나는 것이 아니라 꽃, 누름꽃, 열매 등을 이용하여 다양한 창작품을 만들면서 파괴를 예술로 승화시킨다.

(4) 본능적 그리움에 바탕을 둔다.

식물 잎의 녹색은 사람들이 생각하고 있는 낙원의 이미지와 가장 가까울 뿐만 아니라 심리적 안정과 유연성을 준다. 특히 현대인들은 자연보다는 철근과 콘크리트로 둘러싸인 회색환경에서 생활하는 경우가 많기 때문에 자연에 대한 본능적인 그리움을 가지고 있다. 원예치료는 인간 본연의 기호색인 녹색을 가까이에서 느끼고, 소홀했던 자연과 접촉할 수 있는 가장 효과적인 방법이다.

(5) 생명을 돌보는 치료방법이다.

장애인들은 오랫동안 가족이나 주위 사람들의 보호를 받아왔다. 그래서 그들은 자신이 보호받는 존재라고 생각하며 남들에게 의존하려는 경향이 크다. 또한 자신은 평생 남으로부터 도움을 받을 수밖에 없는 존재로 절망하거나 낮은 자존감을 가진다. 그러나 원예치료는 대상자가 직접 식물을 돌보고 키워 봄으로써 자신도 다른 누군가를 돌볼 수 있다는 자존감을 갖게 해 준다.

(6) 원예치료를 통해 전인적인 접근과 전문적인 접근이 동시에 가능하다.

일반적으로 생각할 때, 원예치료는 식물을 활용한 일반적이고 대체적인 활동일 뿐 의학적 측면에서의 전문적인 치료방법은 아니라고 생각한다. 그러나 원예치료가 의학적 토대 위에서 보다 전문적으로 행해질 때 전인적이고 전문적인 치료방법으로 다른 대체의학이 줄 수 없는 효과를 줄 수 있다.

3) 원예치료의 메커니즘

(1) 원예치료의 세 요소

원예치료를 가능하게 하는 세 요소는 훈련된 원예치료사, 치료매체인 식물과 원예활동, 그리고 대상자이다. 이에 대해서 보다 구체적으로 알아보자.

① 원예치료사

원예치료사(horticultural therapist)는 원예치료를 수행할 수 있는 자격을 갖춘 사람으로, 식물의 생장과 재배 및 특성에 관한 원예학적 지식뿐만 아니라 인간의 심리 · 신체적 치료와 원활한 원예치료 프로그램의 진행을 위한 정신의학 · 재활의학 · 사회학 · 간호학 · 심리상담학 · 사회복지학 등 다양한 분야를 이해하고, 이를 의도적으로 적용할 수 있는 능력이 있어야 한다. 또한 원예치료사는 대상자에게 원예에 대한 관심을 유도하고 쉽게 접근할 수 있도록 하여 원예치료의 교육적 · 치료적 · 직업 재활적 목적을 이룰 수 있어야 한다.

② 식물과 원예활동

'식물과 원예활동'은 원예치료사가 치료적 목적을 달성하기 위해서 사용하는 치료적 매개체이다. 우리나라 원예치료의 전통적인 정의에서 '식물과 원예활동'이라고 표현한 것은 상당한 의미를 내포하고 있다. 만약 원예치료의 매개체를 단순히 식물로 규정한다면, 원예치료의 범위가 지나치게 확대되어 삼림, 약용 또는 관상 및 식용식물 등 다양한 식물을 이용하는 활동 혹은 재배, 향이나 오일을 이용하는 활동 또는 조원(造園)을 이용하는 활동 등 모두를 포함하게 될 것이다. 이렇게 되면 원예치료의 전문성이 결여되고 동시에 원예치료의 범위도 모호해진다.

따라서 원예치료를 위해서는 치료효과가 있는 어떤 식물이라도 원칙적으로 사용이 가능하지만, 그 범위는 원예활동에 국한되어야 한다. 식물을 대상으로 하는 원예활동은 간접적이며 수동적인 활동(감각을 통해서 수동적으로 받아들이는 활동)과 직접적이며 능동적인 활동(심신의 활동을 통해서 식물에 반응하는 활동) 모두를 포함하지만, 원예치료에서는 이를 전통적으로 규정한 원예활동의 범주에 국한한다. 예를 들면, 식물체로부터 물질을 추출하여 그 약효를 이용할 경우, 이것은 분명히 한의학이나 약학에 속하는 것으로 전통적인 원예활동의 범주를 넘어선다고 볼 수 있다. 또한, 정유(oil)를 사용하여 마사지를 하는 경우에도 아로마테라피의 고유한 영역에 속하는 것이지 전통적인 원예활동은 아니므로 원예치료라고 볼 수 없다. 그러나 반대로 대상자가 미니토마토나 고추를 재배하고 수확한 후 수확물을 섭취했을 때 부가적으로 얻는 영양분은 원예활동의 결과로서 주어지는 부차적인 효과일 뿐 채소나 과일을 통한 영양분의 섭취를 목적으로 한 활동이 아니므로 명백한 원예활동이며, 앞에서 언급한 약용을 위한 활동과는 구별되어야 한다.

③ 대상자

역사적 관점에서 볼 때 원예치료 초창기에는 정신질환자나 신체 장애인이 원예치료의 주 대상자였다. 그러나 최근에는 의학적 진단으로 장애가 없다 할지라도 정신적으로나 신체적으로 혹은 사회적으로 안녕하지 못한 사람들 모두가 원예치료의 대상자로 수용되는 추세로 변하고 있다. 실제로 업무로 인해 과도한 스트레스에 시달리는 회사원이나 예기치 못했던 인생의 고비를 맞아 정신적·사회적으로 어려움을 겪는 퇴직자 또는 실직자, 고령자, 주부, 수험생 등 복잡한 사회구조 속에서 어려움을 겪고 있는 소위 정상인이라 불리는 사람들에게도 원예치료는 매우 유익한 정신적 · 신체적 · 사회적 건강 증진 및 예방법으로 확인되었다.

(2) 원예치료의 작용기전

원예는 고대 이집트에서부터 시작된 가장 오래된 치료수단의 하나로, 현재 여러 치료시설에서 원예치료가 실시됨에 따라 다양한 임상결과가 보고되고 있으나 전문적인 치료분야에서는 아직까지 매우 새로운 기법이다. 이러한 원예치료 프로그램을 이해하기 위해서는 치료 이론이나 원리, 원예활동이 주는 긍정적 변화의 메커니즘에 대한 이해와 올바른 해석이 필요하다. 원예치료의 작용 메커니즘은 상호작용(interaction), 활동(activity), 반응(response)의 이론에 의해 범주화될 수 있다(Relf, 1981).

① 상호작용

원예활동은 누구든지 쉽게 참여할 수 있어 비차별적(non-discriminatory)이며 비위협적인(non-threatening) 자연환경 속에서 이루어지고(Lewis, 1978), 이를 통해 자연스럽게 비언어적인 교류(non-verbal communication)가 일어난다. 집단 활동을 통한 원예치료는 개인치료(individual treatment)에 비해 자연스럽게 대상자 - 치료사, 대상자 - 대상자, 대상자 - 비대상자 관계를 형성한다. 또한, 프로그램에서 대상자가 집단의

한 구성원으로 자신의 존재를 깨닫게 하고, 원예활동을 통한 타인과의 관계 형성을 가능하게 한다. 원예치료는 개인보다는 집단에서 그 효과가 극대화되는데, 이는 집단 속에서 개인의 역할이 더욱 뚜렷해지며 부수적인 상호작용이 이루어지기 때문이다.

② 활동

식물과 함께 하는 돌봄(caring) 활동과 이러한 활동과정에서 대상자들이 얻는 변화들은 원예치료만이 가질 수 있는 치료효과이다. 이는 식물과 더불어 활동하는 동안 식물을 통해 삶을 관조할 수 있고, 식물의 생활주기와 사람의 삶의 주기를 비교하여 생각할 수 있기 때문이다(Relf, 1990). 다양한 원예활동을 통해 대상자들은 서서히 자신이 유용하며 필요한 존재라는 것을 인식하게 된다(Bardach, 1975). 또한 원예치료 프로그램의 결과로 얻은 작품들을 주변에 배치함으로써 대상자들은 자신들의 작은 활동이 주변의 환경을 바꿀 수 있음을 알게 된다. 원예활동은 직업으로도 활용이 가능하므로 대상자들로 하여금 성인으로서의 정체성을 확립시키며(Levinson, 1964), 책임감을 증진시키고(Lange와 Rodin, 1976), 좌절을 극복하는 방법을 가르쳐주며, 무의식적으로 주의 집중을 지속시킨다(Kaplan, 1973).

③ 반응

식물은 직접적이고 단순하면서도 긍정적인 반응을 촉진시키고 심미적인 기쁨을 주며, 식물의 성장과 변화를 관찰하면서 삶을 배우고 또한 삶에 대한 다른 모습을 이해하게 한다(Ulich, 1990). 원예활동을 통한 반응은 크게 신체·심리적, 사회적 반응으로 구분할 수 있다. 좋아하는 자연 또는 원예활동을 통해 대상자는 식물과 다양한 치료적 상호작용을 갖게 되고, 스트레스가 감소되며, 혈압·맥박·호흡의 변화, 면역력의 증가 등을 통해 긍정적인 신체적 반응을 얻게 된다. 원예치료적 자극은 긍정적인 심리적 반응을 야기하고, 이는 긍정적인 피드백으로 이어져 정서적 경험의 질을 증가시키며, 결국에는 행동처리과정에 영향을 미친다. 또한, 직업적·사회적·치료적 형태로 활용되어 원예치료사의 자질에 따라 그 기능이 극대화된다.

(3) 원예치료의 역동성

앞서 언급한 바와 같이 원예치료의 세 요소는 원예치료사, 식물과 원예활동, 그리고 대상자이다(그림 4-1). 만약 이 요소 중 어느 하나라도 제외된다면, 원예치료는 성립되지 않는다. 예를 들어 만약 원예치료사의 개입 없이 대상자에게 식물과 원예활동이 주어진다면, 식물과 원예활동은 대상자에게 단지 즐거움이고 흥밋거리일 뿐 치료는 아니다. 원예치료사가 대상자와 원예활동에 개입함으로써, 원예활동은 대상자에게 의도된 치료 목적을 가진 치료사의 전문적인 기술이 도입된 프로그램화된 치료가 된다. 또한 치료 프로그램을 통해 대상자는 자존감이나 책임감 회복에서 일상생활 동작이나 근력 회복에 이르기까지 다양한 치료 혜택을 받게 될 것이다. 이런 관계는 나머지 두 관계에서도 마찬가지이다.

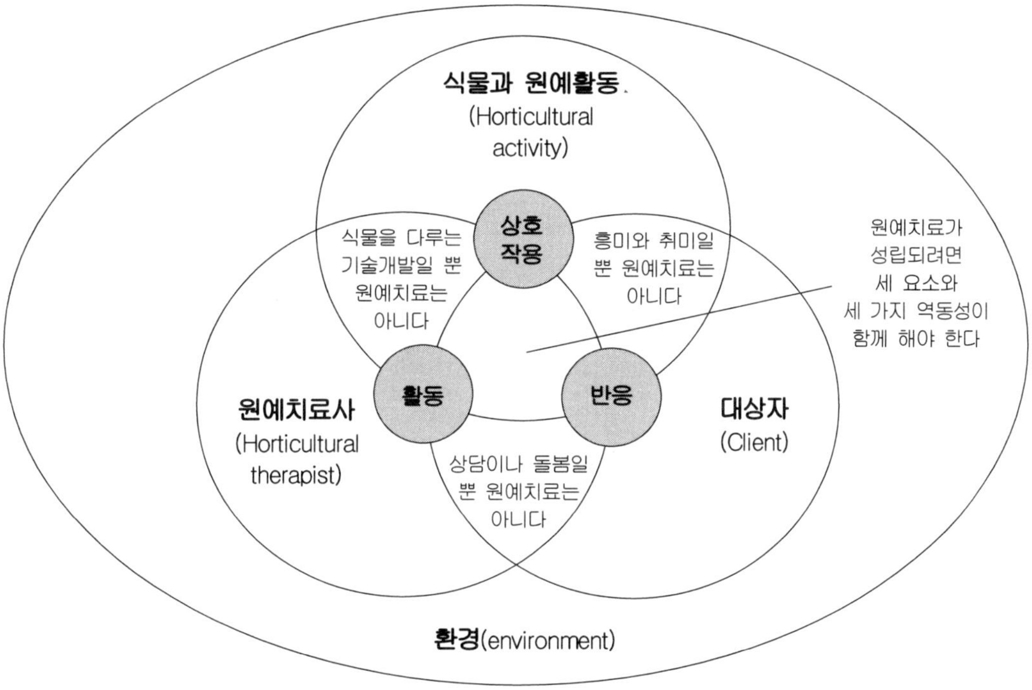

[그림 4-1] 원예치료의 세 요소와 역동성 모델

원예치료사와 대상자의 관계를 생각해 보자. 만약 식물이나 원예활동의 개입이 없다면 이것은 단지 상담이나 돌봄에 불과할 것이다. 그러나 식물이나 원예활동이 치료의 매개체가 됨으로써 식물체의 생로병사를 통해서 인간의 삶을 재조명하거나 또는 다양한 원예활동을 통해서 교육적·사회적·운동적 효과를 얻게 될 것이다. 또한 원예치료사와 식물과의 관계에서도 마찬가지이다. 결국, 그림 4-1에서 보는 바와 같이 원예치료가 성립되는 부분은 두 원이 겹쳐지는 곳이 아니라 세 개의 원이 겹쳐지는 부분이다. 세 원의 물리

· 화학적 결합에 의해서 이루어지는 원예치료는 적게는 원예치료실 또는 치료정원, 크게는 자연이라는 환경 속에서 실시된다. 이 환경은 단순한 장소의 의미뿐만 아니라 치료분위기도 포함하고 있다.

한편, 세 원이 겹쳐지는 원예치료의 역동은 다시 상호작용, 활동, 그리고 반응으로 구분할 수 있다. 이 세 역동은 원예치료사 – 식물 – 대상자의 모든 관계에서 발생하는 것으로, 이러한 역동을 통하여 다른 어떤 대체치료도 줄 수 없는 원예치료의 독특성이 생성되는 것이며, 이것이 바로 원예치료의 힘이라고 볼 수 있다. 결국 전문적 원예치료가 성립되기 위해서는 환경이라는 장소(치료분위기)에서 원예치료의 세 요소와 세 가지 역동성이 함께 해야 한다.

4) 원예치료의 효과

원예치료는 원예활동이 우리에게 주는 다양한 혜택을 적극적으로 활용해서 심신의 치료, 재활, 기능의 유지·증진, 인간적 성장, 생활에 있어서 질(Quality of Life)의 향상을 목적으로 한다. 원예치료의 효과를 구체적으로 살펴보면 다음과 같다.

(1) 지적인 효과

① 원예활동에 필요한 식물의 번식, 이식과 토양의 배합, 식물을 심는 위치 설정 등을 통해 새로운 기술을 습득하고 전체적인 안목과 계획성이 증가된다.
② 원예활동을 통해 새로운 용어와 개념들을 배우게 되어 어휘력이 증가하고 대화의 폭이 넓어진다.
③ 식물을 키우면서 식물의 변화를 느낄 수 있어 관찰력이 증가한다.
④ 원예활동은 한 가지 작업으로 끝나는 것이 아니라 반복에 의해 이루어지기 때문에 지식의 증가와 기술훈련 효과를 갖는다.
⑤ 식물을 가까이 접함으로서 시각, 청각, 촉각, 미각, 후각을 통해 주변에 대한 감수성이 예민해지고 계획, 준비, 판단을 할 수 있는 능력을 향상시켜 감각과 지각 능력이 증가한다.

(2) 사회적인 효과

① 각자 자기가 맡은 역할이 무엇인가를 알게 된다.

② 일을 하기 위해서는 서로의 권리를 존중해야 하고 협력해야 한다는 것과 책임을 분담하는 것이 효과적이라는 것을 알게 된다.

③ 그룹 내의 특정 사람에게 그룹의 일을 책임지게 하여 지휘 통솔하는 것을 경험하고, 그 과정을 통해서 자립심도 키워 줄 수 있다.

④ 원예활동으로 생산한 채소, 과일, 꽃 등의 생산물이나 자기가 만든 작품을 다른 사람에게 선물하면서 대인관계가 향상된다.

(3) 정서적인 효과

① 자신감과 자부심을 증가시킨다.

식물은 대체적으로 볼 때 빠른 반응을 나타낸다. 그러므로 정성을 들여 관리하면 쉽게 싹이 트고 자라기 때문에 자신감을 갖게 하며, 소홀하게 관리하면 잡초가 나거나 병충해의 피해를 받기 쉬워 책임감을 느끼게 한다.

② 자제력을 증진시킨다.

꽃꽂이를 위해 꽃의 줄기를 자르거나, 정원에서 잡초를 뽑는 등의 활동을 통해 부정적인 분노와 공격적인 감정을 완화시킨다.

③ 장래에 대한 희망을 준다.

미래에 대한 흥미를 잃은 사람들에게는 본인이 심은 종자가 언제 싹이 트고, 꽃은 언제 필까 하는 기대감을 준다. 더욱이 다음 계절에는 더 아름다운 꽃을 피워야지 또는 내년 봄에는 정원에 무엇을 심을까 등의 장래에 대한 관심을 불러 일으켜 희망을 준다.

④ 창의력과 자아표현을 개발시킨다.

꽃꽂이나 모아심기, 정원 설계 등의 과정에서 꽃의 종류, 색의 배합, 배열 등을 생각하면서 창의력이 증진되고 자아표현이 향상된다.

(4) 신체적인 효과

① 균형감각을 유지시킨다.

② 시선에 따라서 손이 같이 움직일 수 있는 능력(eye-hand coordination)이 증가된다.

③ 신체를 움직임으로 근력이 강화된다. 또한 운동 기관·기능의 유지 개선(근육·골격·관절가동력 등 기관의 유지 개선, 기본적 체력, 균형잡기, 내구성의 유지 개선, 눈과 손의 협력, 정밀한 동작이나 이동의 유지 개선, 자세 유지)에 도움이 된다.

④ 관절이 움직일 수 있는 범위(range of motion : ROM)를 자연스럽게 증가시킨다.

⑤ 야외 밭 작업이나 정원활동으로 운동량이 많아 조깅이나 테니스 등과 같은 전신 운동의 효과를 줄 수 있다. 호흡·심장기능 및 대사기능의 유지 개선에 효과적이다.

2. 노인을 위한 원예치료 프로그램

1) 노인의 특징

우리나라도 65세 이상인 고령 인구가 전 인구의 7%를 넘는 고령화 사회로 접어들었다. 이러한 사실은 사회적 혹은 인구학적 변화에 국한된 것이 아니라 부모님이나 또는 나 자신의 건강관리, 그리고 노후생활을 위한 준비와 계획이 더욱 중요시될 것을 예고하는 것이라고 볼 수 있다.

노인이란 허약, 무기력, 생리적 기능의 쇠퇴 등 신체적, 심리적, 사회적인 여러 측면에서 능력이나 적응력이 퇴화되어 기능의 수행에 어려움을 겪는, 노화과정에 있는 사람이다. 과거에는 나이가 많은 사람을 노인이라 생각했지만, 사회가 변화함에 따라 노인에 대한 개념도 달라지고 있다. 과학과 의학의 발달로 이전에 생각해 오던 노인의 연령대가 높아지고 있으며, 정년퇴직이나 명예퇴직 등 사회 제도적인 측면에서 노인이 구분되기도 한다.

노인은 신체구조상 몸의 균형을 유지하는 평형감각이 떨어지고, 근육의 질량이 저하되며, 뼈 구조 내 골밀도가 낮아져 골절이 쉽게 일어날 수 있다. 또한, 신체 각 부분 신경의 통증이 증가하고, 운동을 하는데 제한적이기 때문에 골격이나 근육, 또는 피부가 빠르게 퇴화되며, 만성적 질환을 가지고 있는 경우가 대부분이다(표 4-1). 이러한 신체적 노화로 인해 고립이나 독립적인 일상생활의 어려움, 지난 세월에 대한 회한 등 우울성향이 증가하게 되고, 지난날을 회상하며 자기 인생에 의미를 부여하며, 죽음을 준비하는 경향이 높다. 또한, 감정의 기복이 심하며, 이해력이 낮고, 자기중심적이며 보수적이어서 새로운 사람들을 만나거나 친밀한 관계를 유지하는데 어려움을 겪는다. 대부분 노인은 퇴직 후 가정이나 사회에서 이전에 가지고 있던 역할을 상실하는 경우가 대부분이며, 그로 인한 권력이나 권위를 상실하게 되고 경제적인 여유를 잃거나 어려움에 처하기도 한다. 또, 자녀의 독립, 결혼 후 분가 또는 배우자와의 결별 등으로 통해 상실감과 고립감을 느끼게 된다(Son 등, 2006).

〈표 4-1〉 노인들이 가지고 있는 대표적인 만성질환

질환	증상
관절염, 신경통, 류마티즘	관절의 경직 및 통증(골 관절염 또는 류마티즘) 손가락 마디가 우툴두툴하게 굵어짐(골 관절염 또는 류마티즘) 관절의 염증(류마티즘) 갑작스런 엄지발가락 관절의 극심한 통증(통풍)
고혈압	일반적으로 초기 증상 없음
심장질환	가슴통증. 때로는 턱이나 팔, 허리 등으로 통증이 퍼짐 의식의 감소
뇌졸중, 중풍	신체의 한 쪽 근육조절에 어려움 말하기 또는 언어 이해 어려움 등의 언어장애 환측무시 또는 시야가 좁아짐
당뇨병	잦은 배뇨작용 및 과도한 갈증. 체중 감소 다리와 발에 염증 및 무감각. 시야의 초점이 맞지 않음
백내장	뿌옇고, 흐릿하며, 초점이 맞지 않으며, 서서히 한쪽 혹은 양쪽 눈에서 진행됨
청력의 감소	소리가 잘 안 들림 말을 잘 알아들을 수가 없고, 목소리가 커짐 특정한 소리-새소리, 작은 소리-를 들을 수 없음 이명(귀에서 소리가 울리거나 쇳소리가 남)
비염	코의 통증. 발열 및 오한. 두통

2) 노인과 원예치료

(1) 원예치료적 접근

우리는 사회문화적 여건상 스트레스를 많이 받으며, 하루하루를 매우 바쁘게 살아간다. 따라서 기억력이나 집중력, 판단력 등이 저하되는 이유를 바쁜 일상 혹은 나이 때문으로 돌리고, 이런 현상을 방관하기 일쑤이다. 그러나 나빠진 건강과 뇌 기능은 한번 나빠지면 회복하는 것이 쉽지 않으며, 나이가 들수록 이러한 현상이 더욱 두드러지기 때문에 신체적인 운동(physical health)과 뇌 운동(brain health)의 균형을 맞추는 것이 중요하다.

저명한 외국 저널에 따르면 인지프로그램에 참여하는 노인일수록 치매의 발병률이 낮으며, 책을 읽거나 도구를 다루는 간단한 게임, 노래를 부르거나 정원활동을 하는 것과 같은 여가활동은 치매의 위험을 줄이는데 도움이 될 수 있다고 발표하였다(Coyle, 2003). 이는 교육에 있어 반복학습이 중요하듯이 뇌를 계속 사용하면 뇌 기능이 향상되어 치매예방에 효과적이고, 기억력 등의 인지기능을 강화시킬 수 있다는 것이다. 물론 뇌를 활성화 시키는 것이 모든 치매를 예방하지는 못하겠지만, 뇌를 적게 사용해서 조기에 발생하는 치매의 경우 매우 유용한 예방법일 수 있다. 또한 뇌를 활성화 시키는 것은 인지영역 뿐만 아니라 신체적인 운동 참여 후에 오는 쾌감, 내일에 대한 기대감, 원만한 대인관계 유지에 효과적이므로, 스트레스를 줄이고 즐거운 노년의 삶을 영위하도록 도울 수 있다.

원예활동 중 접할 수 있는 익숙한 식물이나 향기 등 다양한 감각자극 요소들은 과거기억과 연관되어 있는 경우가 많아 노인의 장기기억을 자극할 수 있다. 감각자극과 회상을 통한 인지적 자극은 뇌기능을 활성화시키고, 기억력과 주의집중력, 관찰력 등을 증진시켜 인지기능의 쇠퇴를 막고 보존시킬 수 있다(Hwang, 2002). 또한, 원예치료에서 흙을 만지고 재료를 자르거나 다듬는 등의 신체적인 활동은 불안이나 공격성의 적절한 배출을 도우며(Relf와 Dorn, 1995 ; Son, 2004), 불안과 우울, 무력감을 감소시키고, 자신감과 성취감, 자아존중감의 향상을 가져온다(Namazi와 Haynes, 1994).

노인에게 원예치료를 실시하는데 있어 노인에게 왜 원예치료가 필요한지를 파악하는 것이 가장 중요하며, 노인의 건강상태(현 병력 또는 과거력, 복용하는 약물 등), 생활환경, 원예활동 경험 및 선호하는 식물, 일상생활 독립성 정도 등을 고려하여 치료의 과정을 설계해야 한다. 다른 대상자에 비해 노인에 있어 치료적 목적이나 직업재활의 목적보다는 건강유지를 통한 독립적인 삶 유지 또는 취미생활이나 친구 및 동료 등과의 사회적 관계 유지 등 삶의 질 향상을 위한 원예치료가 많이 행해지고 있다. 예를 들어 노인의 건강 유지 및 동료들과의 지속적인 관계 유지를 위해 원예치료를 실시하는 경우, 개별 프로그램보다는 집단 활동을 위주로 한 원예치료 프로그램이 바람직하다(표 4-2). 연령이나 가족환경(예 : 배우자 사별 또는 동거 여부), 또는 취미가 비슷한 대상자끼리 그룹을 만들어 원예치료를 통해 새로운 인간관계를 형성할 수 있도록 하는 방법도 있다.

회상은 일정한 목적 아래 혹은 뚜렷한 목적 없이 과거에 관해 생각하는 것으로, 구체적으로 과거의 즐거웠던 경험을 재음미 하고, 과거의 잘못이나 불유쾌했던 경험 등에 용서를 구하거나 왜곡된 사고를 합리적으로 재사고하며, 억눌렸던 감정을 발산하게 하는 기능이 있다. 노인은 다양한 경험을 가지고 있으므로 이러한 회상기법을 도입하는데 적합하다. 회상을 통해 노인은 그동안의 자신의 삶이 의미 있었음을 평가하고 현재의 삶을

〈표 4-2〉 노인의 원예치료 목표 및 원예치료적 접근 예

목 표 : 사회적 고립을 줄이고 목적 있는 활동에 참여하도록 하여 사회성을 증진시킨다. 원예치료적 접근 : 대상자는 매주 두 번 정도 30분씩 진행되는 세대간(조부모와 손자가 함께하는) 원예치료 프로그램에 참여할 수 있다.
목 표 : 미세운동(fine motor) 기술을 유지한다. 원예치료적 접근 : 대상자들은 일주일에 세 번씩 20분 정도 화단에 물주기, 잡초 뽑기, 낙엽 모으기 등의 활동을 한다.
목 표 : 균형 있는 영양섭취를 한다. 원예치료적 접근 : 대상자들은 일주일에 한 번 약 6주간 정원에서 수확한 채소를 이용한 요리강습에 참여한다.
목 표 : 생활환경에 대한 만족도를 높인다. 원예치료적 접근 : 대상자들은 일주일에 세 번씩 스케줄을 정해 집 앞 또는 시설 내 정원에 물을 주거나 식물을 관리한다.

긍정적으로 수용함으로써 삶의 가치를 높이고, 자아통합감을 긍정적으로 증진시킬 수 있으며, 다가오는 죽음을 긍정적으로 받아들일 수 있다(Lee, 2005). 노인을 위한 원예치료 프로그램은 유년기부터 학창시절, 청·장년기에 이르는 과거를 회상할 수 있는 각각의 프로그램이나 소재, 대화 등 회상기법을 활용할 수 있다.

(2) 노인 원예치료의 주의사항 및 특이사항

원예활동 경험이 있는 노인 중 취미활동이 아니라 생계유지를 위해 농사를 지으셨던 분들은 원예치료 프로그램 중 채소나 과수 재배 및 수확 프로그램을 치료가 아니라 노동의 연장으로 생각할 수 있으며, 이로 인해 치료사의 치료의도가 희석되거나 변질될 수 있으므로 주의해야 한다.

또한 시각적으로 노안이 되면 밝고 어두움에 대한 순응력과 색을 구별하는 능력이 저하되므로, 프로그램시 또는 소재 선택시 채광, 조명, 일광의 강함, 색을 구분하고 선택하는 것에 대한 배려가 필요하다. 예를 들어 백내장 환자의 경우, 하얀 물체가 누런색으로 탁하게 보일 수 있으므로, 꽃식물이나 절화 등을 원예치료 프로그램의 소재로 사용할 때에는 빨간색이나 노란색, 핑크색 등을 중심으로 선명하고 산뜻한 색의 조합을 이용하거나, 빨강과 주황색 꽃 사이에는 흰색 꽃을, 노란색 꽃 옆에는 보라색이나 자주색 꽃을 심어 명도의 차가 크거나 보색인 색을 이용하면 각각의 꽃색을 확실히 구분할 수 있으며 산뜻해 보일 수 있다.

노인들은 작은 소리나 높은 음역의 소리 등을 듣는데 불편함이 있으며, 특히 소음이 많은 곳에서 대화에 집중하기가 매우 어렵다. 따라서 원예치료를 실시할 때에는 주변의 소음을 차단하여 집중할 수 있도록 하며, 언어적 설명과 제스처를 함께 사용하는 것이 바람직하다.

급작스럽게 움직일 경우에 움직이는 근육의 위축이나 심한 경우 골절 등을 유발할 수 있으므로 주의하고, 노인은 쉽게 피로하기 때문에 작업량이 많지 않도록 조절하여 일정 시간 작업한 후에는 휴식하도록 한다. 또한 다른 연령의 대상자에 비해 재지시하거나 이해를 돕는 등의 치료사 보조가 더 필요하므로 보조치료사 또는 자원봉사자 한 사람당 대상자의 수를 적게 하는 것이 바람직하다.

3) 노인을 위한 원예치료 프로그램의 실제

(1) 원예치료에서 주로 사용되는 원예도구

① 식물 재배에 사용되는 흙(상토)

- 피트모스(peat moss) : 습지의 퇴적물을 가공한 용토로, 보수성이 높다.
- 펄라이트 : 진주암을 고온에서 가열하여 제조한 것. 무균, 무독성이며 보수, 배수, 통기성이 뛰어나다. 식물 뿌리의 부패 방지와 보온효과가 있다.
- 질석(버미큘라이트) : 질석(蛭石)을 잘게 부수어 소성시킨 무균 인공토. 배수성이 좋고 가볍다.
- 배양토 : 피트모스, 펄라이트, 질석이 초화용 재배에 적합한 비율로 섞여있는 배합토. 작은 초화에 적합하다.
- 하이드로볼 : 점토와 물을 혼합해 1,200℃의 고온에서 구운 용토로, 흙에 비해 공극이 커서 산소 공급률이 높고 가볍다. 통기·보습성이 좋으며, 뿌리로부터 발생하는 배설물을 흡착해 부패를 방지한다.
- 마사토 : 굵은 입자의 흙으로 대표적인 기본 용토이다. 일반적으로 부엽토와 강모래를 배합하여 사용한다.
- 바크 : 소나무, 전나무 등의 껍질을 분쇄하여 토양 대신 사용하는 것으로, 주로 서양난을 식재할 때 많이 쓰인다.

② 절화(折花, cut flower) 장식을 위한 소재

- 플로랄 폼(floral form) : 일명 오아시스라고 부른다. 꽃과 소재를 고정시켜 주는 역할은 침봉과 같지만, 자체적으로 물을 머금고 있어서 꽃의 물올림을 도와준다. 플로랄 폼의 성분은 합성수지로 된 스펀지로, 칼로 적당한 크기로 잘라 물을 충분히 흡수토록 한 후에 사용해야 한다.
- 플로랄 테이프(floral tape) : 꽃, 잎, 가지를 철사 처리할 때 사용한다. 대부분 철사가 보이지 않게 하거나 꽃을 묶어줄 때 많이 사용한다.
- 픽(pick) : 나무나 철사로 된 막대기. 픽의 종류에 따라 용도가 달라지는데, 짧은 소재를 연결하거나, 메모지를 고정하는 용도로 사용하기도 한다.
- 글루건(glue gun) : 전기에 꽂아서 사용하는 본드이다. 접착력은 뛰어나지만, 물에 닿으면 쉽게 떨어지며 손을 데일 수 있다는 단점이 있다.
- 리본 : 폭, 질감, 색의 종류별로 다양하게 사용되고 있으며, 실크나 오간디, 레이스, 비닐, 종이 등의 다양한 재질이 있어 용도에 따라 선택이 가능하다.

(2) 노인을 위한 원예치료 프로그램

노인을 위한 원예치료 프로그램은 노인의 신체적인 기능을 고려하여 쉽고, 재미있게, 장기간 지속할 수 있는 프로그램을 제시하며, 퇴직 등으로 사회와 단절되고 뇌를 적절하게 활성화 시키지 못해 발생하는 우리나라 노인들의 치매예방에 도움을 주고자 한다.

■ 종자 파종

· 난이도 : 하
· 목표 : 섬세한 손 운동 능력 및 전두엽 관리 기능 향상
· 준비물 : 종자(쑥갓, 상추, 치커리 등 채소종자), 트레이, 상토(펄라이트, 피트모스, 버미큘라이트), 라벨, 네임펜, 아세테이지(투명비닐), 칼라타이, 계량컵, 큰 대야, 분무기

· 진행과정

1. 채소를 직접 키워본 경험이 있는지, 있다면 어떤 채소를 키워봤는지 생각해 본다.
2. 준비한 종자를 나누어 각각의 모양과 색깔 등 특징을 살펴보고, 이름을 익힌다.

3. 트레이를 준비하고, 심을 종자를 선택한다.
4. 상토는 펄라이트 : 피트모스 : 버미큘라이트 = 3 : 1 : 1 이 되도록 컵으로 개량한다.
5. 개량한 상토를 대야에 담고, 물을 넣어 반죽한다.
6. 트레이에 반죽한 상토를 넣어 꽉 채운다.
7. 트레이에 손가락으로 씨앗이 들어갈 만한 구멍을 뚫는다.
8. 미리 생각해 두었던 씨앗을 트레이의 한 셀(cell)당 두 세알 정도에 넣고, 흙을 덮는다.
9. 라벨에 자신의 이름과 날짜, 심은 종자의 이름 등을 쓴다.
10. 어떤 씨앗에서 싹이 먼저 날지, 싹이 나는데 얼마나 걸릴지 생각해본다.

· 기대효과

동기 부여, 긍정적 경험, 촉각 자극, 눈－손 협응력 증가, 작업수행력 증가, 정서적 안정

· 비고

1. 활동 시 흙이 옷에 묻기 쉬우니 앞치마를 착용한다.
2. 흙 만지기를 꺼려할 경우, 비닐장갑을 준비하여 손에 흙을 묻히지 않고도 흙의 촉감을 느낄 수 있도록 유도한다.
3. 시력이 좋지 않은 경우 종자가 너무 작으면 손으로 집기 어려우므로, 종자의 크기가 큰 것을 이용한다. 트레이에 흙을 넣을 때나 씨앗이 들어갈 구멍을 뚫을 때에는 숟가락, 젓가락 등의 도구를 이용하여 ADL을 훈련한다.
4. 활동 전 식물의 성장한 모습을 사진, 슬라이드 등의 자료를 통해 보고, 종자에서 싹이 나면 어떤 모습일지 상상해 본다.

[그림 4-2] 종자파종

■ 무순 키우기

· 난이도 : 하
· 목표 : 눈-손 협응력 증가, 집중력 향상, 정서적 안정
· 준비물 : 종자(무순), 투명한 플라스틱 용기, 접시, 키친타월, 신문지, 테이프, 분무기, 숟가락, 네임펜, 앞치마

· 치료과정
1. 무가 들어가는 음식 종류를 생각해보고, 맛은 어떤지 이야기를 나눈다.
2. 투명한 플라스틱 용기에 들어가도록 키친타월을 재단한다.
3. 플라스틱 용기에 재단한 키친타월을 깔고, 분무기로 키친타월을 적신다.
4. 무씨가 키친타월 밖으로 나오지 않게 키친타월 위에 올린다.
5. 분무기로 스프레이 해 관리한다.
6. 용기에 파종한 날짜와 종자 이름, 본인 이름을 쓴다.
7. 신문지를 잘라 용기의 윗부분을 덮어주고, 테이프로 고정시킨다.
8. 무씨가 발아하는 시기를 관찰하도록 하고 다 자란 무순으로 무엇을 해 먹을지 이야기를 나눈다.

· 기대효과
무순이 자라는 모습을 보면서 얻는 성취감, 녹색에 의한 안정감

· 비고
1. 무순이 발아하는 시기를 관찰하고 일기를 씀으로서 생명감을 느끼게 하고, 관찰력을 증가시킨다.
2. 발아 전과 발아 후를 사진으로 찍어 관찰력을 기르는데 도움을 준다.
3. 재배한 무순으로 비빔밥이나 샐러드 등을 해먹어 본다.

· [참고] 새싹(순)을 키워 먹을 수 있는 채소
– 브로콜리, 적채(적양배추), 갓, 유채, 배추, 크레스, 비타민, 알팔파, 메밀, 무, 적무

[그림 4-3] 다양한 새싹채소

■ 콩나물 기르기

· 난이도 : 하
· 목표 : 기억력 향상, 촉각 및 청각 자극, 집중력 향상, 정서적 안정
· 준비물 : 콩, 떡시루, 천(행주, 검은 천), 소쿠리, 고무줄, 플라스틱 컵, 숟가락, 상토 혼합용기, 분무기

· 치료과정
1. 콩으로 해먹을 수 있는 음식에 대해 이야기를 한다.
2. 미리 물에 담가 놓은 콩을 한 컵씩 덜어낸다.
3. 쭉정이 콩을 골라낸다.
4. 떡시루와 소쿠리 등을 씻는다.
5. 소쿠리 위에 행주를 깔고, 숟가락으로 콩을 떠서 담은 후 행주로 덮어준다.
6. 떡시루 안에 물을 절반가량 넣는다.
7. 소쿠리를 떡시루 안에 넣는다.
8. 물을 빼고, 새로운 물로 갈아주는 법을 익힌다(7-8 반복).
9. 떡시루를 검은 천으로 덮고, 고무줄로 묶는다.

· 기대효과
콩나물이 자라는 모습을 보면서 얻는 성취감, 어릴적 기억(장기기억) 자극

· 비고

1. 발아를 빠르게 하기 위해 3-4시간 전에 물에 불린다.
2. 발아 전과 발아 후를 사진으로 찍어 관찰력을 기르는데 도움을 준다.
3. 재배한 콩나물을 수확해 콩나물 무침이나 콩나물 밥 등을 실제로 해먹어 본다.

■ 잔디인형 만들기

· 난이도 : 중
· 목표 : 섬세한 손 운동, 시공간적 지각 및 구성능력 및 전두엽 관리기능 향상
· 준비물 : 스타킹, 잔디씨, 질석, 글루건, 눈, 솜모루, 부직포, 솜철사, 가위, 숟가락

· 치료과정

1. 잔디인형에 대해 간략히 소개하고, 완성된 사진을 보여준다.
2. 가족의 얼굴을 떠올려보고, 누구를 닮은 인형을 만들지 한명을 결정하도록 한다.
3. 스타킹을 나누어준다.
4. 스타킹의 한 부분을 묶고(한쪽이 막힌 경우엔 묶지 않아도 된다) 뒤집는다.
5. 옆 사람과 도와가며 스타킹에 숟가락으로 잔디씨를 넣는다.
6. 숟가락으로 스타킹 속에 질석을 담고 끝을 묶는다.
7. 솜모루와 솜철사로 눈, 코, 입이 놓일 자리를 정하고, 글루건으로 붙여 얼굴을 꾸민다.
8. 주변을 정리하고 완성된 잔디인형을 통해 가족을 소개한다.

[그림 4-4] 잔디인형 만들기 과정

· 기대효과

사회성 증대, 자신감 향상, 긍정적 경험 증가, 작업 수행력 증가, 창조성 증가, 인내심 증가

· 비고

1. 질석의 양을 조절하여 다양한 모양과 크기를 표현할 수 있게 한다.
2. 어릴 적 가지고 놀던 장난감을 연상하여 인형을 만들어봄으로써 장기기억을 자극한다.
3. 잔디씨에서 잔디가 자라는 과정을 통해 생명력을 느끼고 인내심을 기를 수 있다.
4. 잔디가 자란 후, 잔디(인형의 머리칼 부분)를 묶거나 잘라주면서 흥미를 유발할 수 있다.

[그림 4-5] 다양한 얼굴의 잔디인형

■ 삽목

· 난이도 : 하

· 목표 : 촉각 및 후각 자극, 섬세한 손 운동 능력 향상

· 준비물 : 허브(민트, 라벤더, 바질, 레몬밤 등), 트레이, 배양토, 네임펜, 라벨, 가위, 루톤(발근촉진제), 물 조리개, 일회용접시, 아세테이트지, 리본, 스템플러, 대야

· 치료과정

1. 여러 허브 향을 맡고 연상되는 것들에 대해 이야기한다. 허브에 대해 간단히 설명한다.

2. 컵을 이용하여 배양토를 대야에 담는다.
3. 물을 부어가며 섞는다.
4. 흙을 손으로 쥐어보며 상토의 상태가 적당한지 본다.
5. 트레이에 상토를 담는다.
6. 허브에서 자신이 원하는 부위를 자른다.
7. 접시에 적당량의 루톤을 덜고 전달한다.
8. 삽수에 루톤을 묻혀 트레이에 꽂는다.
9. 물 조리개로 물을 준다.
10. 라벨에 날짜와 식물이름과 자신의 이름을 써서 꽂는다.
11. 아세테이트지로 트레이를 감싸고 스템플러나 리본으로 고정한다.
12. 관리 방법을 설명한다. 삽수를 길러서 어떻게 할 것인지에 관해 말한다.

· 기대효과

동기부여 증가, 긍정적 경험 증가, 작업수행력 증가, 후각 및 촉각자극, 집중력 향상

· 비고

1. 자칫 단순해 질 수도 있는 작업이므로 목표에 맞게 지적인 작업들을 부여한다.
2. 시력이나 신체활동을 지속할 수 있는 시간 등을 고려하여, 트레이 구멍의 크기나 수를 단계적으로 사용한다.

[그림 4-6] 삽목

· [참고] 삽목(cuttage)이란 무성번식의 한 방법으로, 줄기나 잎, 잎자루 등을 잘라 토양에 꽂아 발근시키는 방법이다. 사용하는 부위에 따라 엽삽, 경삽, 근삽 등이 있다.

■ 채소모종심기

· 난이도 : 하
· 목표 : 섬세한 손 운동 능력, 시공간적 지각 및 구성 능력 향상, 정서적 안정
· 준비물 : 토마토 모종, 피트모스, 펄라이트, 질석, 대야, 배수판, 물 조리개, plant box, 숟가락, 네임펜, 라벨, 컵, 앞치마

· 치료과정

1. 예전에 자신이 직접 키워본 적이 있는 채소나 현재 가정에서 키우고 있는 채소가 있는지 이야기를 한다.
2. 대야를 옆으로 전달한다.
3. 상토는 펄라이트 : 피트모스: 버미큘라이트 = 3 : 1 : 1이 되도록 컵으로 개량한다.
4. 개량한 상토를 대야에 담고, 물을 넣어 손으로 반죽한다.
5. plant box에 배수판을 깔고 숟가락으로 반죽한 상토를 plant box에 1/3정도 담는다.
6. 토마토 모종을 pot에서 꺼내서 뿌리의 흙을 털어낸 후 plant box에 위치를 잡는다.
7. 위치가 정해졌으면 숟가락으로 빈 공간을 반죽한 상토로 채운다.
8. 라벨에 자신의 이름과 심은 날짜. 모종이름을 쓴다.
9. 관리방법을 설명하고 열매가 맺으면 누구와 나누어 먹을지 이야기를 한다.

· 기대효과

성취감 향상, 정서적 안정, 촉각 자극

· 비고

1. 토마토는 햇빛을 좋아하며 광이 부족하면 꽃이 떨어지고 열매가 잘 열리지 않으므로 관리시 고려한다.
2. 모종이 자라는 과정을 관찰할 수 있도록 한다.

3. 수확하여 손쉽게 먹을 수 있는 채소(예 : 상추, 깻잎 등)를 식재하여 지속적인 관심과 흥미를 유발한다.

피망 방울토마토 호박 배추

[그림 4-7] 모종으로 재배하기 쉬운 채소

■ 봉선화 물들이기

· 난이도 : 하
· 목표 : 기억력 및 지남력 향상, 주의집중력 향상, 섬세한 손 운동 능력
· 준비물 : 봉선화(화분), 상토혼합용기, 물뿌리개, 플라스틱 컵, 막자, 막자사발 또는 돌, 숟가락, 가위, 비닐봉지, 명주실, 백반, 로션, 수건, 앞치마

· 치료과정
1. 어린 시절 손에 봉선화 물을 들여 본 적이 있는지, 누가 물을 들여 주었는지 그때를 회상해 본다.
2. 미지근한 물에 손을 깨끗이 씻는다.
3. 봉선화 화분을 관찰하고, 꽃수와 꽃색을 관찰한다.
4. 봉선화 꽃잎과 잎을 딴다.
5. 딴 봉선화 꽃잎과 잎을 막자에 조금씩 넣으면서 곱게 빻는다.
6. 명반 혹은 백반을 넣어 빻는다.
7. 비닐봉지를 사각형으로 자른다.

8. 명주실을 한 뼘 길이로 자른다.
9. 옆 사람과 짝을 이루어, 손톱 주변에 로션을 발라준다.
10. 숟가락을 이용하여 손톱 위에 빻은 봉선화를 넣고, 비닐로 감싸고 실로 감아 고정시킨다.
11. 봉선화 물이 들었는지 확인하고, 비닐을 벗긴다.

· 기대효과

정서적 안정, 시각 자극, 어릴적 기억(장기기억) 자극

· 비고

봉선화 물이 들지 않을 수 있으므로 활동 전 손에 따로 로션 등을 바르지 않도록 주의시킨다.

· [참고] 가로세로 게임을 통해 꽃 이름을 기억해 봅시다.

네모난 칸의 위쪽, 아래쪽, 오른쪽, 왼쪽, 대각선으로 낱말을 연결하여 꽃 이름을 만들어봅시다. 예를 들면 '봉선화'를 찾을 수 있습니다.

(봉)	(선)	(화)	당	해
	진	국		
초		달		백
롱	벚		래	동
꽃	미	할		

답 : 해당화, 진달래, 국화, 동백, 할미꽃, 벚꽃, 초롱꽃

■ 수경재배

· 난이도 : 하
· 목표 : 시공간적 지각 및 구성능력 향상, 전두엽 관리 기능 훈련, 촉각자극
· 준비물 : 유리 또는 플라스틱 투명화기, 관엽식물, 하이드로볼, 색 자갈, 물 조리개, 숟가락, 대야

· 치료과정

1. 수경재배에 대해 설명한다.
2. 흙에서 키우는 재배법과 수경재배의 장단점에 대해서 이야기한다.
3. 자신이 원하는 식물을 선택한다.
4. 식물의 이름을 말해주고, 특징들을 관찰해서 말해본다.
5. 포트에서 식물을 꺼낸다.
6. 흙을 털어 내고 물에 깨끗이 뿌리를 씻는다.
7. 하이드로볼을 물에 깨끗이 씻는다.
8. 화기의 2/5 정도를 하이드로볼로 채운다.
9. 식물을 심고 그 위에 하이드로볼을 넣어 고정시킨다.
10. 하이드로볼 윗부분을 자신이 원하는 색깔의 색자갈로 장식한다.
11. 뿌리부분까지 물을 넣어준다.
12. 자신이 식재한 식물 이름을 이야기하고 완성품을 보면서 서로 칭찬해준다.
13. 관리방법을 알려준다.

· 기대효과

동기부여, 긍정적 경험 증가, 촉각 및 청각자극, 작업 수행능력 증가, 원예적 지식 습득

· 비고

1. 여름에 실시하기 좋은 프로그램으로, 물을 좋아하는 식물을 사용한다.
2. 마른 하이드로볼에 물을 부었을 때, 하이드로볼이 물을 흡수하는 소리를 통해 청각자극을 줄 수 있는 기회를 제공한다.

· [참고] 수경재배(hydroponics)란, 흙을 전혀 또는 거의 사용하지 않고, 물과 식물생장에 필요한 무기양분을 인위적으로 공급해 식물을 재배하는 방법이다.

[그림 4-8] 수경재배

■ 선인장(다육식물) 모아심기

· 난이도 : 중
· 목표 : 섬세한 손 운동 능력, 시공간적 지각 및 구성능력
· 준비물 : 선인장(or 다육식물), 마사토, 계량컵, 대야, 화분, 장식 돌, 배수판, 숟가락, 라벨, 네임펜

· 치료과정

1. 선인장의 가시는 잎이 변형된 것이고, 사막에 살기 때문에 일반적인 식물과 영양분을 만드는 방법이 다르다는 것을 알려준다.
2. 화분바닥의 배수구를 배수판으로 막는다.
3. 마사토를 화분높이의 1/2가량 넣는다.
4. 선인장 또는 다육식물을 어디에 놓을지 배치해 본 뒤에 위치를 정한다.
5. 정해진 위치에 선인장 또는 다육식물을 심는다.
6. 주변에 장식 돌로 장식한다.

7. 라벨에 자신의 이름과 작품명을 적어서 꽂는다.
8. 작품명에 대해 발표하는 시간을 갖는다.

· 기대효과

긍정적 경험 증가, 동기부여, 촉각자극, 원예적 지식 습득

· 비고

1. 선인장의 날카로운 가시로 인해 손에 상처가 날 수 있으므로, 가시가 부드러운 것을 사용하거나 가시가 없는 다육식물을 사용한다.
2. 가시가 두껍거나 뾰족한 선인장을 이용할 때에는 목장갑과 같은 두꺼운 장갑을 끼거나 선인장을 수건에 감싸서 이동한다.
3. 식재시 숟가락이나 젓가락 등의 도구를 이용하여 일상생활에서의 도구사용 능력을 훈련한다.
4. 관엽 식물과 선인장 또는 다육식물간의 차이에 대해 배울 수 있다.

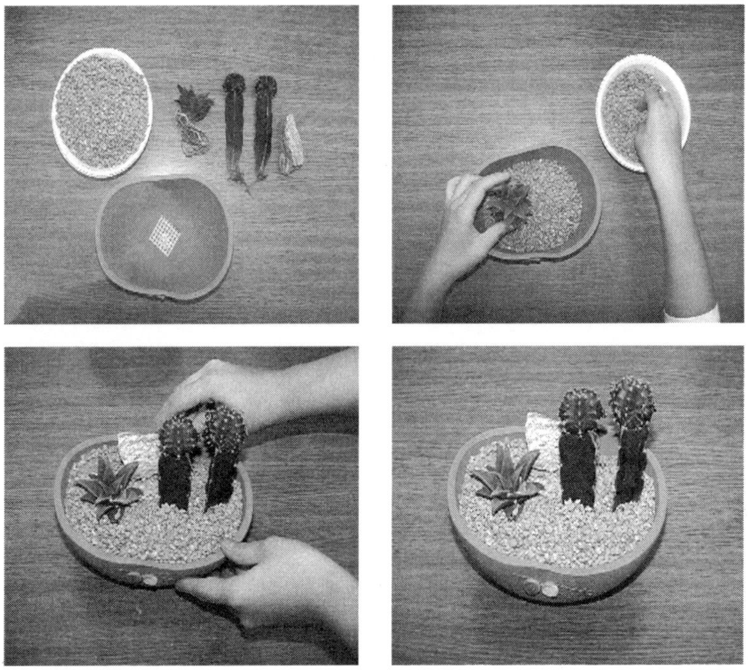

[그림 4-9] 선인장 모아심기 과정

■ 디시가든

· 난이도 : 중
· 목표 : 주의집중력 향상, 섬세한 손 운동 능력, 전두엽 관리 기능 증대, 시공간적 지각 및 구성능력 향상
· 준비물 : 여러 종류의 관엽 식물, 이끼, 흰 돌, 자갈, 피트모스, 펄라이트, 질석, 용기, 물 조리개, 대야, 분무기, 라벨, 네임펜

· 치료과정

1. 어릴 적 고향 주변 풍경을 이야기 해보고, 준비된 식물의 이름과 특징을 이야기한다.
2. 식물과 용기를 나누어 준다.
3. 상토(피트모스, 펄라이트, 질석)를 컵으로 개량하고, 골고루 섞어 배양토를 만든다.
4. 용기에 배수층을 깔아준다.
5. 준비한 식물을 화분에서 꺼낸다.
6. 식물을 용기 위에 배치하고, 섞어둔 배양토를 넣어 식물을 정한 위치에 심는다.
7. 이끼를 물에 적셔서 덮어준다.
8. 원하는 곳을 자갈이나 흰 돌로 장식한다.
9. 라벨에 정원의 이름을 지어서 적고 꽂는다.
10. 각자 자신이 만든 정원을 소개하며, 정원의 이름을 이야기한다.
11. 관리방법을 알려준다.

· 기대효과

동기부여, 양육감 증대, 시각 및 촉각자극, 표현력 향상, 어릴적 기억(장기기억) 자극

· 비고

1. 프로그램 전에 예쁜 정원 사진이나 그림 등 시각적 자료를 보여주는 것도 좋다.
2. 한 용기에 여러 종류의 식물을 모아 심는 것이므로, 생육습성(수분, 광)이 유사한 식물을 준비한다.
3. 흙을 반죽하면서 어릴 때 하던 놀이(예 : 두꺼비집)로 흥미를 유발하여 흙 만지기의 거리낌을 해소시킬 수 있다.

[그림 4-10] 디시가든

■ PET병을 이용한 공중걸이 화분

· 난이도 : 중
· 목표 : 주의 집중력 향상, 섬세한 손 운동 능력, 시공간적 지각 및 구성능력, 정서적 안정
· 준비물 : PET병(1.5L), 배양토, 송곳, 심지, 끈, 덩굴성 식물(아이비, 트리안 등), 이끼, 대야, 분무기

· 치료과정

1. 덩굴성 식물의 특징(자라는 모양)과 공중걸이 화분에 대해 설명한다.
2. PET병을 반 잘라, 뚜껑이 있는 부분과 아랫부분으로 구분해 놓고, 병뚜껑은 송곳으로 구멍을 낸다.
3. PET병 아랫부분의 사방에 구멍을 뚫고, 구멍에 끈을 끼워 벽이나 공중에 걸 수 있도록 준비한다.
4. 배양토를 컵으로 덜어 물을 넣고 반죽한다.
5. 병뚜껑 구멍에 심지를 끼우고, 병에 끼운다.
6. 반 잘라 준비한 PET병 윗부분에 배양토를 1/3정도 채운다.
7. 식물을 심고, 배양토가 부족한 부분에 흙을 더 넣어 쓰러지지 않도록 심는다.
8. (본래의 생육습성처럼) 잎이 아랫부분으로 내려오도록 정리하고, 물을 준다.

· 기대효과

동기부여, 양육감 증대, 자신감 및 독립성 증가, 독창성 향상, 촉각자극, 인내심 증가, 문제해결능력 향상, 원예적 지식 증가

[그림 4-11] 공중걸이 화분

· [참고] 덩굴성 식물의 종류

스킨답서스

자주달개비

아이비

호야

■ 숯부작

· 난이도 : 중

· 목표 : 시공간적 지각 및 구성능력, 주의 집중력 향상, 섬세한 손 운동 능력, 부정적 정서 해소

· 준비물 : 숯, 풍란, 수태, 무명실, 용기, 글루건, 대야, 물, 가위, 분무기

· 치료과정

1. 난의 식물학적 특징에 대해 설명하고, 숯의 효능에 대해 설명한다.
2. 용기와 숯을 나누어준다.
3. 숯 배치에 대해 생각한다.
4. 숯을 원하는 크기로 자른다.
5. 숯을 글루건으로 붙인다.
6. 풍란을 물이 담긴 대야에 담가 뿌리의 수태를 떼어낸다.
7. 풍란을 배치하고 뿌리 주위를 수태로 감싼다.
8. 무명실로 풍란을 숯과 묶는다.
9. 관리방법에 대해 이야기하고, 작품에 대해 설명한다.

· 기대효과

사회성 증가, 협동심 및 독창성 증가, 자신감 향상, 입체인지감각 자극, 촉각자극, 표현력 향상, 공격성 완화, 원예적 지식 습득

· 비고

1. 숯이 옷에 묻을 수 있으므로, 앞치마를 착용한다.
2. 숯을 가위로 자를 때 다치지 않도록 주의한다.
3. 풍란의 수태를 떼어낼 때 뿌리가 상하지 않도록 주의한다.

[그림 4-12] 숯부작

■ 새끼줄을 이용한 물병 꽃 싸기

· 난이도 : 하
· 목표 : 집중력 및 기억력 향상, 사회성 증진
· 준비물 : 라피아, 생화 및 소재(해바라기 또는 소국, 잎새란), 아세테이트지, 칼라타이, 리본, 가위, 꽃가위, 카드픽, 네임펜, 카드, 플라스틱 컵, 물뿌리개, 앞치마

· 치료과정
1. 라피아를 물에 적신다.
2. 물에 적신 라피아를 세 갈래로 나누어 머리 땋듯이 땋는다.
3. 땋은 라피아의 사이사이에 해바라기나 소국을 꽂는다.
4. 사이에 꽃을 꽂은 라피아를 둥글게 만다.
5. 잎새란으로 라피아를 감싸고, 칼라타이로 고정한다.
6. (옆 사람과 짝을 지어) 아세테이트지를 마름모 방향으로 4등분하여 접었다 편다.
7. 한쪽 주먹을 아세테이트지 중심으로 넣고, 옆 사람이 아세테이트지로 주먹을 감싼다.
8. 주먹을 살짝 빼면서 주둥이를 헐겁게 잡는다.
9. 둥근 아세테이트지의 안쪽에 물을 넣는다.
10. 5의 꽃을 넣고, 칼라타이로 고정한다.
11. 물병이 세워지도록 모양을 잡아준다.
12. 리본을 묶는다.
13. 작품에 대해 느낀 점을 이야기한다.
14. 누구에게 선물할지 이야기한다.

· 기대효과
상호교류를 통한 사회성 증가, 자신감 향상, 동기부여

■ 컵 꽃꽂이

· 난이도 : 하
· 목표 : 섬세한 손 운동 능력 향상, 전두엽 관리 기능

· 준비물 : 컵(또는 손잡이가 없는 작은 바구니), 플로랄 폼, 소국, 편백, 꽃가위, 철사, 대야, 비닐, 부직포, 리본, 가위

· 치료과정

1. 꽃 선물을 받은 경험이나 준 경험에 대해 이야기를 한다.
2. 플로랄 폼을 나누어 주고, 준비된 대야에 담가 물을 천천히, 충분히 흡수시킨다.
3. 종이컵과 비닐을 전달한다.
4. 비닐을 종이컵에 맞게 잘라 넣는다.
5. 플로랄 폼을 종이컵에 맞게 잘라 넣는다.
6. 소국과 편백을 나누어 갖고, 향기를 맡는다.
7. 소국을 중앙은 가장자리보다 길게, 가장자리는 짧게 잘라 꽂는다.
8. 소국을 꽂고 빈 자리에 편백을 잘라 꽂는다.
9. 부직포로 종이컵을 감싸 철사로 고정한 뒤 리본으로 마무리 한다.
10. 주변을 정리 한 뒤 누구에게 선물할건지 이야기를 한다.

· 기대효과

자신감 회복, 긍정적 경험 증가, 독창성 향상, 장악력 향상, 집중력 향상, 촉각 및 후각 자극, 시각 자극, 입체인지감각 자극, 사회성 향상

· 비고

1. 계절을 대표하는 계절별 소재를 사용한다.
2. 향이 너무 진하거나, 꽃가루가 많아 알레르기를 일으킬 수 있는 소재는 피한다.
3. 생화 구입이 어려운 경우, 생화 대신 조화를 사용할 수 있다.

· [참고] 계절별 대표적인 꽃

- 봄 : 개나리, 진달래, 철쭉, 유채꽃, 매화, 벚꽃, 라일락, 붓꽃
- 여름 : 아카시아, 봉숭아, 작약, 모란
- 가을 : 국화, 코스모스, 해바라기, 구절초, 용담
- 겨울 : 할미꽃, 복수초, 동백

[그림 4-13] 컵 꽃꽂이

■ 강아지 꽃바구니

· 난이도 : 중
· 목표 : 섬세한 손 운동 능력, 눈-손 협응력 향상, 시각 및 후각자극, 시공간적 지각 및 구성능력 향상, 전두엽 관리 기능
· 준비물 : 카네이션(또는 소국), 편백, 플라스틱 눈(강아지의 눈으로 사용할 소재), 생화 본드, 바구니, 플로랄 폼, 가위, 대야, 물 조리개, 리본, 철사, 앞치마, 카드, 펜

· 치료과정

1. 카네이션의 꽃말을 이야기하고 고마운 분이 있는지 이야기를 한다.
2. 대야에 물을 담아 옆으로 전달한다.
3. 오아시스를 나누어 주고 물에 젖히기 전과 후의 오아시스를 비교해 본다(무게, 색깔).
4. 물에 젖힌 오아시스를 바구니에 담는다.
5. 카네이션과 편백을 옆으로 전달한다.
6. 카네이션 꽃은 손으로 펴주고 줄기는 다듬는다.
7. 바구니의 앞과 뒤를 정한다.
8. 바구니 앞쪽으로는 카네이션 4송이로 얼굴을 만들고, 뒤쪽에는 1송이로 꼬리를 만든다.

[그림 4-14] 강아지 꽃바구니

강아지 얼굴/꼬리 만들기

강아지 몸통 만들기

소재(편백) 꽂기

눈 붙이기

완성된 모습

[그림 4-15] 강아지 꽃바구니 진행단계

9. 몸통은 카네이션으로 머리나 꼬리보다 낮게 꽂는다.
10. 편백으로 빈 공간을 채우고 생화본드로 얼굴부분에 눈알을 붙인다.

11. 리본을 달고 선물하고 싶은 분에게 카드를 쓴다.
12. 누구에게 왜 선물할 것인지 각자 이야기 해본다.

· 기대효과

동기부여, 사회적 상호작용 증가, 자신감 증대, 작업 수행력 증가, 표현력 향상, 집중력 향상

· 비고

카네이션은 마디가 잘 구부러져서 손의 힘 조절이 어려운 경우에 적합하지 않으므로 다른 꽃으로 대체한다.

■ 포푸리 주머니

· 난이도 : 하
· 목표 : 기억력 향상 및 후각 자극, 주의집중력 향상
· 준비물 : 부직포, 포푸리, 조화, 오공본드(무독성 본드), 종이 리본 또는 지끈, (얇은) 리본, 칼라타이, 가위

· 치료과정

1. 자기가 좋아하는 향기에 대해 이야기한다.
2. 치료사가 포푸리를 펼쳐 향을 맡을 수 있게 한다.
3. 포푸리를 한 컵씩 덜어낸다.
4. 포푸리가 어떤 것으로 구성되었는지 살펴보고, 포푸리에 대해 설명한다.
5. 포푸리를 부직포 또는 천위에 올려놓고, 주먹밥 싸듯이(혹은 보자기 묶듯이) 손수건의 대각선 끝을 마주하여 묶는다.
6. 종이 리본을 나누어주고, 옆 사람과 짝을 이루어 포푸리를 싼 주머니를 실타래 감듯이 종이 리본으로 감아준다.
7. 감은 종이 리본의 끝은 고정하여 오공본드(무독성 본드)를 발라준다.
8. 손수건의 매듭이 있는 부분에 조화를 붙여준다.

9. 리본이나 칼라타이를 달아 매달아서 볼 수 있도록 한다.
10. 재료를 정리하며, 주변을 환기 시킨다.

· 기대효과

동기부여, 사회적 상호작용 증가, 후각 및 촉각자극, 작업 수행력 증가

· 비고

1. 프로그램 전에 미리 포푸리가 든 봉지를 열어놓아 자연스럽게 향기를 맡을 수 있도록 유도하며, 이를 통해 흥미를 유발한다.
2. 포푸리 향 때문에 두통이나 어지러움 등을 느낄 수 있으므로 환기가 가능한 장소에서 실시한다.

[그림 4-16] 다양한 형태의 포푸리 주머니

참고문헌

Bardach, J. 1975. Some principles of horticultural therapy with the physically disabled. Mt. Vernon, Virginia.

Coyle, J.T. 2003. Use It or Lose It — Do Effortful Mental Activities Protect against Dementia? New England J. of Med. 348(25) : 2489~2490.

Kang, E.O. 2008. Craftman floral design licence. SooPool Media Publishing. Seoul, Korea.

Kaplan, S. 1973. Cognitive maps in perception and thought. Image and environment, Chicago.

Kim, D.Y., I.S. Kim, T.Y. Kim, L.J. Park, J.M. Park, K.C. Son, K.N, Lee, E.A. Lee, H.K. Jung, and K.I. Han. 2004. Dementia prevention and cognitive rehabilitation program. Seohyeonsa. Ilsan, Korea.

Langer, E. J. and J. Rodin. 1976. The effects of choice and enhanced personal responsibility for the aged: a field experiment in an institutional setting. J. Personality and Social Psychol 34(2) : 191~198.

Lee, E. S. 2005. Effect of HT program based on reminiscence on the improvement of self-integration of the aged. MS Diss., Konkuk Univ. Seoul, Korea.

Lewis, C. A. 1978. Healing in the urban environment : a person/plant viewpoint. B. Y. Morrison Memorial Lecture. Mt. Vernon, Virginia.

Relf, P. D. 1981. Dynamics of horticultural therapy. Rehab. Lit. 42(5-6) : 147~150.

Relf, P. D. 1990. Psychological sociogical response to plants : Implications for horticulture. HortScience 25(1) : 11~13.

Son, K.C., M.K. Cho, J.E. Song, S.Y. Kim, and S.S. Lee. 2006. Practice of professional horticultural therapy. Kubook. Seoul, Korea.

Son, K.C., S.K. Park, H.O. Boo, K.Y. Paek, K.Y. Bae, S.H. Lee, and B.G. Huh. 1997. horticultural therapy. Sewon Press, Seoul, Korea.

Son, K.C., S.Y. Kim, S.S. Lee, J.E. Song, and M.K. Cho. 2006. Programs and assessment tools for the professional horticultural therapy. Kubook. Seoul, Korea.

Ulich, R. S. 1990. Plants and the individual : Their influenced on human behavior, physical hearth, and perceptions of comfort. The role of horticulture in human well-being and social development. A national symposium. Arlington, Virginia.

제5장

작업치료의 치료적 활동과 역할

제5장 작업치료의 치료적 활동과 역할

양 영 애(인제대학교 의생명공학대학 작업치료학과 교수)

1. 노인 작업치료 활동의 필요성

노인인구 증가로 인한 고령화 문제는 다양한 면에서 사회적인 문제로 인식되고 있다. 노인들의 건강은 일상생활능력 및 사회생활에 영향을 주는데 노인들 대부분은 관절염 등 만성질환을 포함하여 심하게는 심혈관계 질환, 뇌졸중 및 치매 등이 나타나기도 한다. 사회적 역할 면에서 노인들은 강제적 혹은 자발적으로 노동시장에서 배제되고 핵가족화로 인하여 가정에서의 역할마저 상실함으로써 역할과 소외에서 오는 심리적 갈등을 느끼고 있다. 즉, 노인은 노화로 육체적·정신적 능력의 감소, 행동 둔화, 청력이나 시각 등 특정 감각 손실, 사고력이나 기억력 약화 등이 나타난다.

이런 배경 하에서 노인이 한 인간으로서 존엄성과 가치를 인정받고 질적으로 보다 개선된 삶을 영위하기 위해서는 노년기의 변화에 따른 요구를 충족시키고 다양한 측면에서 성공적 적용에 대한 도움을 줄 수 있는 노인프로그램의 마련이 절실하게 요구되고 있다. 노인프로그램은 노년기의 삶을 풍요롭게 하고 삶의 질에 밀접한 영향을 미치며 여가활동과 직접적으로 연결되어진다. 노년기의 여가시간은 사회 · 경제적 역할 이탈로 불가피성의 여가를 영위하므로 노인 삶의 질에 있어 노년기의 여가활동은 중요한 의미를 지닌다

(최말옥과 박혜령, 2005).

노년기의 여가활동은 직업이 있는 노인에게는 노동력 재생산의 기회가 되며, 은퇴로 인해 사회의 공식적인 의무에서 벗어난 노인의 경우는 여가활동을 통해 비공식적인 사회참여의 기회가 된다. 이것은 역할 상실로 인한 고독감을 해소하고 나아가 자기존중과 자아실현의 기회를 제공함으로써 생활만족 및 행복감 추구 등 여러 가지 측면에서 중요한 의미를 갖는다. 따라서 노년기의 여가문제를 잘 해결하느냐 못하느냐는 노년기의 삶을 성공적으로 영위하는데 중요한 결정요인이 될 수 있을 것이다. 이러한 관점에서 사람이 생활하는 일상의 활동과 매우 밀접한 작업치료는 인간, 삶, 환경에서 삶의 질 향상에 기여하고 긍정적이고 창조적인 삶이 될 수 있도록 한다.

최근 경제적 능력을 가진 노인층의 증가는 노인들의 삶의 질에 대한 욕구가 다양해지고 변화되어 가고 있음을 반영하고 있는 것으로 보인다(조경옥, 2004). 능동적인 여가생활은 단순히 일상적 삶을 재충전하는데서 나아가 삶의 질을 고양하는 수준으로 확장되어야 할 것이다. 최근 노인들에게 음악, 미술, 문학, 원예, 스포츠 및 운동, 작업치료 등 다양한 예술치료 활동을 신체적, 심리적, 정신적 건강증진을 위한 활동으로 사용하고 있다. 다양한 예술치료 활동은 건강한 노인과 허약한 노인 모두에게 재활(치료)적 활동으로 제공되며, 그 필요성이 증가하고 있다(조추용, 2004).

따라서 노인들에게 적용되는 작업치료의 개념과 활동을 통하여 건강한 노인에게는 여가활동으로, 허약한 노인에게는 치료적 목적으로 적용되는 활동사례를 통하여 앞으로의 전망과 역할을 살펴본다.

2. 노인 여가의 개념과 현황

노인들에게 여가란 가정적, 사회적 역할로부터 벗어나 뚜렷한 목표 없이 보내는 시간을 의미한다. 여기에서 여가라는 말은 다양한 범주로 사용하나 일반적으로 시간, 활동, 마음의 상태 등의 3가지 범주로 설명할 수 있다. 첫째, 여가는 시간 즉, 자유 시간이다. 노년기의 여가를 설명할 때 시간이라는 범주를 사용하는 것은 노년기의 많은 경우가 퇴직과 그로 인한 자유시간이 더불어 발생하기 때문이다. 노인들은 시간과 관련하여 여가를 다음과 같이 여기는 경향이 강하다. 여가란 꼭 필요치 않은 것을 얻기 위해 시간을 보내는 것, 더 이상 의무적인 것을 하지 않아도 되는 유용한 시간, 쉬거나 놀 수 있는 시간,

꼭 해야 되는 것에 비해 내가 하고 싶은 것을 하는 시간 등으로 생각하는 것이다. 둘째, 여가는 활동이다. 여기에서 여가란 개인이 노동, 가족 그리고 사회의 의무로부터 벗어나 휴식, 기분전환 혹은 지식의 확대, 자발적인 사회참여 그리고 자유로운 창조력 발휘를 위하여 이용되는 임의적 활동의 총체라는 것이다. 셋째, 어떠한 것을 선택하고 즐기는 것을 인식하는 것 즉, 마음의 상태가 여가이다. 노인들이 말하는 여가는 무언가 선택할 수 있는 자유와 원하는 것을 원하는 시간에 하는 것, 업적을 이루어야 한다는 압박감 없이 즐거움을 추구하는 삶의 한 기간, 의무감이나 압박감 없이 원하는 것을 할 수 있는 때를 뜻한다(설민신, 2000).

노인들에게 여가는 노후생활에 필요한 심신의 건강을 유지하기 위하여 재미있고 보람있는 활동을 하며 사회적인 접촉을 통하여 생산적이며 통합적인 생활을 유지하기 때문에 중요하다(나항진, 2003). 능동적인 여가는 여가활동을 통해 삶의 에너지를 재충전하고 삶을 윤택하게 할 수 있다. 또한 다양한 집중력을 필요로 하며 일상생활에서 발생하는 육체적, 정신적 노폐물을 발산시키고 정화한다. 따라서 이러한 여가활동에 작업치료의 도입은 매우 필요하며 긍정적인 발전과 변화가 요구된다.

3. 작업치료 활동의 개념과 사례

1) 작업치료 활동의 개념

작업치료 활동이란 재활대상자의 적응능력과 생산적인 활동에 필요한 기술과 기능을 습득하도록 도와주며, 장애나 질병의 상태를 감소·교정함으로써, 재활 대상자의 일상생활동작(activities of daily living) 수행능력을 회복 및 강화·증진시키는 치료적 활동이다. 작업치료의 기원은 오래전 B.C 2000년경 이집트와 B.C 100년경 그리스에서는 기분전환과 오락활동이 정신질환자들의 치료적 수단으로서 사용된 것부터 시작되었다. 그 후 1801년 Philippe Pinel이 파리의 Bicetre정신병원에서 작업치료를 시도한 것이 계기가 되어 정신병원을 중심으로 기분전환을 위한 오락, 수공예, 미술활동 등을 통하여 정신질환자를 치료함으로써 정신과 영역뿐만 아니라 신체기능 활동을 증진의 영역으로 확대되었다.

작업치료란 목적적인 일, 놀이 및 여가, 일상생활활동이 수행영역이며 치료적 매체로 다양한 치료적 활동이 사용되고, 작업치료사는 활동에 초점을 맞추고 단계적인 활동을 제공하여 치료 및 교육을 실시하고, 활동에 관한 선택, 치료계획을 수립, 실행하는 과정으로 작업치료는 이루어진다.

작업치료에서 치료적 활동은 작업치료사가 치료적 목적으로 각 대상자에게 단계적인 활동 중재, 동기부여 및 예술을 가르치거나 배우는 등 전체적인 활동을 일컬으며 예술치료활동은 4가지가 서로 밀접하게 관련되어 있다. 첫째, 대상자의 신체적 상태나 수행과 연관된다. 둘째, 선택된 활동은 대상자의 인지적, 감정적 상태나 요구와 연관된다. 셋째, 선택된 활동은 실행환경과 연관된다. 넷째, 활동은 작업치료 이론과 기술과 연관된다(Cynthia C, 1995).

특히 20세기에 들어서 작업치료분야에서 "art and craft"가 중요한 치료적 모델로 나타나 다양한 목적을 위한 치료적 활동으로 적용되면서 치료적 중재활동으로 활용되기 시작되었다(Eve T, 1991). 이미 1920년대부터 작업치료사는 작업치료의 활동으로 목재, 조립, 스포츠, 게임, 드라마, 희극을 포함한 음악 및 미술활동 등을 치료적 매체로 사용하였고 이런 활동은 대상자의 과거기록, 흥미 및 직업적인 목표를 고려하여 적용하였다(Mary E, 1994).

현재 작업치료에서 사용되는 다양한 치료적 활동은 매우 다양하여 목재작업, 가죽작업, 바느질, 금속공작, 모자이크, 도기공작, 섬유공작, 종이공작, 요리, 페인팅 등이 치료적 활동으로 활용되고 있다. 또한 치료적 중요성이 날로 증가하여 병원중심의 서비스 제공 외에도 너싱홈, 지역사회 및 재가를 중심으로 실시범위가 확대되고 있다. 노인의 치료적 활동의 이론적 근거를 살펴보면 노인 작업치료 중재프로그램으로 요리를 하고 글을 쓰는 활동을 통해서 즐거움과 기쁨을 느끼며 자존감이 상승하였고 우울감은 낮아진다는 것이 조사되었다(Cynthia C, 1993). 치료적 활동의 의미는 즐거움과 밀접한 관련이 있고 환자의 긍정적인 참여와 활동은 지역사회로의 사회적 통합을 할 수 있는 기회가 된다(Richard, 1990).

다양한 치료적 활동은 신체적, 인지적, 감각 및 정서적인 향상을 가져오며 언어기술의 성숙, 기억 및 집중력이 증가되어 신체적, 인지적, 감각 및 정서적 변화를 가져온다. 인지 능력이 손상된 노인들에게 다양한 활동을 제공하여 신체적 활력을 주고, 운동능력도 증진되고, 인지적인 능력도 증진될 수 있다. 또한 이외에도 과거에 익숙하고 친숙한 활동 제공함으로써 노인의 독립성을 유지시켜 주고, 자존감을 향상시켜 준다고 보고되고 있다(Richard, 1990).

작업치료 수행 영역

① 일상생활활동(ADL)
② 도구적 일상생활활동(I-ADL)
③ 교육
④ 일
⑤ 놀이
⑥ 레저
⑦ 사회적 참여

수행기술

① 운동기술
② 처리기술
③ 의사소통/상호작용기술

수행형태

① 습관
② 일상적인 활동
③ 규칙

상황(환경)

① 문화적
② 신체적
③ 사회적
④ 인적
⑤ 영적
⑥ 시대적
⑦ 실질적

요구되는 활동

① 도구사용과 그들의 소유
② 공간적 요구
③ 사회적 요구
④ 순서와 속도
⑤ 요구되는 활동
⑥ 요구되는 신체 기능
⑦ 요구되는 신체 구조

환자의 요소

① 신체 기능
② 신체 구조

현재 작업치료사를 위한 국가고시에서는 "수예공작"이란 시험과목이 있고, 교육과정에서는 치료적 활동의 적용, 치료 및 평가를 위한 수업과목이 개설되어 있다. 이처럼 작업치료에서 치료적 활동의 중요성을 강조하고 있음을 알 수 있다. 모든 치료적 활동은 미국작업치료협회(American Occupational Therapy Association ; AOTA)가 제정한 표준평가검목표(Uniform Evaluation Checklist)에 따라 제공된 활동을 분석하고 있다. 치료적 활동이 잘 적용되기 위해서는 다양한 구성요소를 먼저 생각해야 한다. 고려할 요소에는 운동기술(Motor skill), 처리기술(Process skill), 의사소통과 상호작용 기술(Communication / interaction skill)이 속한다. 운동기술(Motor skill)에는 자세, 움직임, 협응, 근력과 작용, 에너지가 포함된다. 처리기술(Process skill)은 일상생활에서 완벽하고 능숙한 과제 수행을 위해 조절하고 처리 시 사용되는 기술로 에너지, 지식, 시간적 조직화, 공간적 조직화와 도구사용, 적응이 포함된다. 의사소통과 상호작용 기술(Communication / interaction skill)에는 신체적 의사소통, 정보교환, 관계형성이 포함된다. 이외에도 노인의 문화적, 물리적, 사회적, 인적, 영적, 시대적, 가상적 상황도 포함한다(Pedreff's, 2001).

2) 작업치료활동의 사례

미래의 노인들에게 높은 질의 생활을 제공하기 위해서는 웰빙에 대한 자각과 건강을 유지하기 위한 활동, 취미와 여가시간의 활용, 사회적 관계를 포함한 정신적 취미가 노인의 생활에 영향을 주게 된다. 특히 개개인의 생활과 중요한 활동전략은 노인의 생활영역 전반에 영향을 미치게 됨으로써 의미 있게 고려되어야 한다. 효과적인 활동전략으로 Florence(1995)는 작업치료활동을 중재방안으로 제시하고 있으며, 이는 작업치료활동에서는 운동, 독서, 미술 및 음악 등 다양한 예술적 활동을 치료적 매개체로 사용하기 때문이다(Florence Clark, 1995). 노인의 작업치료활동은 신체적, 정신적 및 건강적인 측면뿐만 아니라 생활면에서 치료적 의미를 가지게 되고 건강을 예방하는 능력이 포함되기 때문이다. 이런 작업치료활동의 필요성에 따라 G시 노인종합복지관에서 진행한 노화예방 작업치료 프로그램을 소개하고자 한다(표 5-1).

본 프로그램의 구성은 건강교육, 인지향상을 위한 게임, 미술관람, 심리적 상담, 음악활동, 스토리텔링, 미술활동 등 다양한 활동을 중심으로 노인들에게 교육적 목적과 더불어 신체적, 정신적, 인지 및 정서적 안정을 주기 위함이다. 본 프로그램의 기대효과에는 노인의 신체적, 정신적 및 심리적 안정을 포함하여 사회적 기능 증진을 가져오며 다양한 Art-Craft을 적용함으로써 여가활용 및 스트레스 대처 방안 능력 향상 등 삶을 재 디자인 하도록 유도한다. 아울러 그동안 경험하지 못하였던 건전한 노인문화를 제공함으로써 노인 삶의 질 향상에 기여한다. 이러한 활동을 제공 시 노인에게 신체적, 정신적, 심리적, 인지적 상태에 어떤 영향을 주고 있는지를 연구하는 활동분석도 필요하다(표 5-2).

〈표 5-1〉 G시 노화예방 작업치료활동 프로그램

일시	내 용	준비물
1주	본 프로그램 설명과 진행자 소개	
	평가/신체, 정신, 인지, 감각평가	각 평가지
2주	건강과 노화의 이해	교재
	게임을 통한 자기소개 프로그램	종이, 색연필
3주	건강교육 및 상담 / 뇌졸중, 치매	교재
	게임을 이용한 우울증과 기억력 증진 노래교실	노래방기계
4주	건강하고 아름다운 노년 멋내기	거울, 빗
	기억력 증진 게임 / 낱말 및 문장 이어가기	카드 및 포카
5주	건강교육 / 관절염, 요통	교재
	포크댄스	녹음기
6주	동서양 음악의 이해	교재
	클레어아트미술관 견학	수첩, 펜, 차량지원
7주	낙상예방 및 일상생활훈련 프로그램	교재
	박물관 견학 / 가야 문화 이해	수첩, 펜, 차량지원
8주	고전 및 현대 소설의 이해	교재
	문학치료 및 토론	교재, 수첩, 펜
9주	우울증 예방과 스트레스 대처 방법	교재
	투호 및 윷놀이 게임	투호 및 윷놀이
10주	동서양 미술의 이해	교재
	종이공예	한지
11주	경제 및 소비자 교육	교재
	종합창작예술센타 견학 / 도자기, 조각, 그림 등	수첩, 펜, 차량지원
12주	건강증진을 위한 가정프로그램 / 영양	교재
	평가 및 소감 발표회	영역별 재평가

〈표 5-2〉 활동프로그램 활동분석표

제목	카드놀이	구분
일시	2000. 00. 00.	
활동내용	· G시 노인종합복지관에서 어르신들을 상대로 노화방지 프로그램의 일환으로 카드 게임을 실시한다. · UNO라는 카드게임을 가지고 총 3단계로 나누어서 게임을 진행한다. · 카드게임의 방법은 게임하는 사람 앞에 나와 있는 카드와 자신이 가지고 있는 카드의 색과 숫자가 일치할 시 그 카드가 소멸되며, 없을 시에는 그 본인이 가지게 되어, 최종 자신이 가진 카드가 하나도 없을 시 승리하는 게임이다. · 그리고 2가지의 특수 카드들은 각각 2단계, 3단계에서 설명 드려 숙지한 후 진행한다. 각 단계의 설명 후 연습게임을 실시하고 실제 게임을 진행하는 방식이다. · 각각, 두 명의 어르신이 한 팀을 이루어 진행하도록 하였으며, 각각 한 팀당 도우미 한 명씩을 배치한다.	
활동분석	**❐ 운동기술** · 카드를 손에 잡기 위해 측면 잡기의 기술이 필요하다. · 카드를 뒤집기 위해 손목의 회외가 가능해야 한다. · 앉아서 하는 게임으로 앉은 자세의 정렬이 바로 되어야 한다. · 카드를 보고 내어야 함으로 눈-손 협응력이 좋아야 한다. · 카드를 쥐기 위해 팔 뻗기가 가능해야 한다. **❐ 처리기술** · 게임을 원만하게 하기 위해서는 게임에 대한 집중력이 필요하다 · 규칙에 맞게 적절한 카드를 선택하여야 한다.	
기대효과	· 색과 숫자의 구별을 통한 인지능력이 향상된다. · 얇은 종이를 다룸으로써 세밀한 운동이 증진된다. · 서로 상호간의 의견을 조율함으로써 사회성이 발달된다. · 게임을 통한 여가 활용과 즐거움이 제공된다.	

액티비티 레포트(ACTIVITY REPORT) 예

<table>
<tr><th colspan="6">1. 액티비티 평가</th></tr>
<tr><td>활 동</td><td colspan="5">다양한 크기의 원기둥으로 반달 균형 맞추기</td></tr>
<tr><td>일 시</td><td colspan="5">2009. ○. ○</td></tr>
<tr><td>치 료 사</td><td colspan="2">박 ○ ○</td><td>장 소</td><td colspan="2">작업치료실</td></tr>
<tr><td>참 가 자</td><td>이 ○ ○</td><td>나 이</td><td>52</td><td>성 별</td><td>여</td></tr>
<tr><td>활동 목표</td><td colspan="5">집중을 유지하는 상태에서 원기둥의 크기와 무게를 고려하여 반달의 균형을 유지할 수 있도록 문제해결 과정을 스스로 해결한다.</td></tr>
<tr><td>활동 내용</td><td colspan="5">참가자는 최대한 많은 원기둥을 반달 위에 올릴 수 있도록 양쪽 손의 협응을 이용하여 다양한 크기의 원기둥을 반달 위에 올려 균형을 유지하도록 한다. 3회 실시하여 가장 많은 수의 원기둥의 개수를 기록한다.</td></tr>
<tr><td colspan="6">진 행 과 정</td></tr>
<tr><td>과 정</td><td>시 간</td><td>내 용</td><td>장 소</td><td>담당자</td><td>진행방법</td></tr>
<tr><td>사전모임</td><td>10분</td><td>활동설명</td><td>치료실</td><td>박 ○ ○</td><td>설명</td></tr>
<tr><td>활동모임</td><td>30분</td><td>활동실시</td><td>=</td><td>=</td><td>설명 및 실습</td></tr>
<tr><td>사후모임</td><td>10분</td><td>활동정리</td><td>=</td><td>=</td><td>실습</td></tr>
<tr><td colspan="6">평 가</td></tr>
<tr><td colspan="6">프로그램 평가(내용/진행/목표달성과 프로그램의 적합성 및 달성 여부)</td></tr>
<tr><td colspan="6">이 활동은 눈과 손의 협응, 양쪽 손의 협응을 이용하여 문제를 스스로 해결해 나감으로써 활동 집중을 유지할 수 있고, 원기둥의 크기와 무게를 고려하여 균형을 맞출 수 있는 문제해결기술을 향상시킬 수 있다. 그러나, 과제의 난이도가 높아 참가자로 하여금 실패로 인한 좌절감을 자주 느낄 수 있는 점에 유의해야 하여 적절한 격려와 과제의 난이도 조절이 필요하다.</td></tr>
<tr><td colspan="6">진 행 자 평 가</td></tr>
<tr><td colspan="6"></td></tr>
<tr><td colspan="6">감 독 평 가</td></tr>
<tr><td colspan="6"></td></tr>
<tr><td colspan="6">목 표 재 설 정</td></tr>
<tr><td colspan="6"></td></tr>
</table>

2. 대상자 평가
방법, 과정, 적용 후
대상자의 변화
어떻게 활동을 도입했나요?(모습, 도입시기 말 & 반응)
약한 인지손상 환자나 양쪽 협응이 부족한 분들을 대상으로 스스로 문제를 해결해 나가도록 과제를 실시하거나, 두 사람이 번갈아 가면서 원기둥을 올리면서 균형을 유지할 수 있도록 하는 게임형태로 사용하였다.
참가자의 모습은 어떠했나요?
평소 집중력보다 과제를 수행하는 동안에 집중시간이 오랫동안 유지되었고, 흥미를 가지고 웃으시면서 수행하였다. 그러나 과제의 난이가 높은 편이라 자주 실패를 하기도 하였으며, 개수를 줄이고 난이도를 조절하여 실시하였을 때 참가자의 태도나 흥미도가 좋은 편이었다.
놀이 동안 변화가 있거나 인상적인 사람은 있었나요?(이름은 이니셜로)
(　P　)씨 (남성) (63세)
좋았던 점, 불편했던 점은 무엇인가요?
좋은 점 : 눈과 손의 협응 및 양손의 협응을 이용하여 문제를 스스로 해결해 나감으로써 활동을 집중 유지하는데 도움이 되고, 원기둥의 크기와 무게를 고려하여 균형을 맞출 수 있는 문제해결기술을 향상시킬 수 있는 점이 장점이다. 불편한 점 : 과제의 난이도가 높아 참가자로 하여금 실패로 인한 좌절감을 자주 느낄 수 있어 동기부여가 어렵거나 쉽게 우울증에 빠질 수 있는 환자에게는 주의가 필요하고 과제의 난이도 조절이 필요하다. 그리고 고령자에게 적용을 할 때에는 활동의 유아적인 요소를 제거하는 것이 좋을 것 같다.
액티비티시 주의사항
유아적인 요소를 줄이면 좋겠음
파손, 분실된 도구는 있었나요?
없음

3. 액티비티 분석(Activity Analysis)	
다양한 크기의 원기둥으로 반달 균형 맞추기	
운동 요소 (Motor Components)	잡기 및 세밀한 쥐기 → 뻗기 자세를 이용한 이동 → 이완 양손의 조화 눈과 손의 통합
인지 요소 (Cognitive Components)	집중력 문제해결능력 판단
지각 요소 (Perceptual Components)	형태 및 크기 구별 형태 항구성 깊이 지각
감정 요소 (Emotional Components)	흥미
사회 요소 (Social Components)	자기표현 상호기술
적응 (Adaptations)	형태 및 크기, 넓이를 구별하는 다른 활동으로 활용 가능함

3) 치료적 활동도구의 개념과 사례

(1) 치료적 활동도구의 개념

치료적 활동에 사용되는 다양한 Toy, Art 및 Playwork 등은 작업치료에서 많이 사용하는 활동도구 중 하나이다. 이러한 치료적 도구를 통한 즐거운 활동은 자연스럽게 몸과 마음을 움직이게 한다. Toy를 통한 작업치료활동은 즐기면서 자연스럽게 재활을 돕는 놀이나 게임시 필요한 도구이며 잘 적용되기 위해서는 도입방법의 적절한 노하우가 요구된다. 노인들의 관심을 유발하고 흥미로운 활동에 임하게 하기 위해서는 주변에서 사용한 친근한 소재를 활용하여 몸으로 느끼고 경험할 수 있도록 하는 것이 좋다. 또한 Toy를 이용한 의사소통 방법도 고령자에게 중요한 활동이다.

Playwork의 게임과 체조는 일상생활에 필요한 신체의 동작이 포함되어야 한다. 고령자의 다양한 상태와 생활 장면을 분석하여, 집단과 개별적으로 즐거움을 주는 놀이로 접근하고 참가하는 것으로 정서적 안정과 생활의 질을 향상시키는 방법이다. 고령자의 상태와 생활환경에 자연스럽게 접근함으로써 즐거운 놀이로 진행하게 된다.

Art 활동은 고령자의 놀이마음을 자극하고, 자유로운 발상으로 제작과정을 즐기며, 어른들의 수공예활동의 협력을 증진시키는 것을 목표로 한다. 잔존능력을 개발하고, 예술문화를 풍성하게 할 수 있도록 교육하는 것이 Art 활동의 목적이라고 생각된다. 고령자의 상황에 맞게 재료, 소재, 도구를 선택하는 방법으로 완전한 활용을 시도하고, 친근한 소재를 사용하여 상황에 맞는 수공예활동을 실시한다.

이러한 치료적 활동들을 과거에는 모두 아이들의 전유물로 생각하고 있었던 것도 사실이다. 물론 아이들은 놀이를 통해서 많은 것을 배우고 습득하며 성장을 한다. 놀이는 단순히 흥미의 개념을 넘어서 심리적인 치료를 위한 훌륭한 도구가 될 수 있고, 놀이를 통해서 자신의 경험이나 정서 상태를 표출하고, 복잡하고 다양한 생각 등을 표현함으로써 정서적인 부적응이나 발달상의 문제를 도와주고 치료하는 하나의 방법이다. 특히 놀이에는 정서를 표출할 수 있도록 다양한 도구인 Toy, Playwork 및 Art들을 사용하여 소통하고 반응하게 도움으로써 대상자의 결핍된 부분들을 채우게 되고, 잠재적인 능력 또한 향상하게 된다.

치료적 활동은 치료자와 노인들이 서로 소통하고 상호작용 기술을 향상시키는 활동으로 사용하게 된다. 이러한 치료과정을 통해서 노인들의 좌절, 두려움 등과 같은 감정은 스스로 표현할 수 있는 능력으로 향상되고, 자기감정의 조절 능력이 향상되게 된다.

따라서 이러한 목적과 효과를 가진 치료적 활동을 단순히 아이들에게만 한정시킬 것이 아니라 노인들의 긍정적인 인지, 정서, 심리, 신체적 활동을 위해서 구조화된 치료적 시스템은 매우 필요하며 적합한 육체적, 정신적 및 사회적 활동을 형성하도록 유도해야 된다고 생각된다. 치료적 활동이 잘 적용되기 위해서는 노인들의 상태를 먼저 인식해야 한다. 따라서 첫째, 가능한 것과 좋아하는 것을 알아내야 한다. 조사시 주의사항으로 부정적인 측면의 정보만을 수집하고 있지는 않는지 조심해야 한다. 노인들의 인생력, 놀이, 취미 등을 조사하고 사진이나 옛날 추억이 담긴 업무관련도구 혹은 생활도구를 몸 주변에 배치시켜서 노인들의 흥미나 관심을 알아낸다. 둘째, 작업치료사 스스로도 자신의 감성을 개발하고 여유롭고 즐거운 마음도 가져야 한다. 따라서 노인에게 잘 적용하기 위해서는 진행자 자신도 흥미롭고 즐겁게 진행하는 방법도 매우 필요하고 여유로운 마음가짐도 요구된다.

(2) 치료적 활동도구의 사례

작업치료의 경우 "치료적 활동"을 위해 사용되는 도구들 대부분을 Toy, Play 및 Art로 활용하고 있다. 다양한 치료적 도구를 치료적 매개체로 사용하고 있으며 작업치료사들은 각 활동을 분석하여 활동의 효과를 평가하고 있다. 또한 노인의 활동들 대부분은 인지적, 감정적 상태에 따라 요구가 다양하고 환경과 밀접하게 연관되어 있으므로, 삶을 즐겁게 변화시켜줄 수 있는 치료적 매개체는 매우 필요하다고 생각된다. 각 활동을 통하여 신체적, 인지적, 감각 및 정서적인 향상을 가져와 기억과 집중력이 증가하는 것으로 나타났다.

일본의 액티비티센터의 경우를 살펴보면 이곳에는 Art "복지 Art 코디네이터" 코스, Play "복지 Playwork" 코스, Toy "고령자 장난감 지도자" 코스, Care "고령자 Care Design" 코스 등 다양한 코스가 운영되고 있다. 이곳의 목표는 노인을 교육하고 관리하는 전문가인 작업치료사, 물리치료사, 사회복지사 등을 다양한 대상에게 활동 중심의 다양한 교육을 진행하여 노인활동전문가로 육성하는데 있다(표 5-2).

이곳에는 Toy를 통하여 기억회상을 돕고, 인지능력 향상 및 대·소 운동의 움직임을 유발하고 의사소통을 활성화 시킨다는 점을 강조하고 있다. 또한 구마모토의 노인보건시설의 경우 "뇌 활성화 액티비티 프로그램"을 기획하여 간호사, 작업치료사, 물리치료사 그리고 영양사 등 전 직원이 함께 관심을 가지고 요개호 고령자의 생활을 윤택하게 지원하고 있다. 니이가따의 유료노인 홈에서는 연령, 성별, 살아온 환경이 다른 고령자에 대하여 한 사람, 한 사람의 일상생활을 중요하게 생각하여 즐거운 가운데 건강, 사는 보람을 느낄 수 있는 액티비티가 될 수 있도록 계획을 세우고 이에 따라 실천하고 있다. 또한 "참가하고 싶은 마음이 들도록 하는 액티비티의 제공"을 계획하고 실천하고 있다. 조기치매를 예방하는 방법에는 ① 운동을 하도록 하고, ② 사람과의 관계를 넓히도록 하며, ③ 지적자극을 유도한다. 따라서 단순한 운동이 아닌 Toy, Paywork, Art 등을 이용한 액티비티는 지적사고, 운동 및 커뮤니케이션을 갖춘 좋은 치료적 도구라고 생각된다.

〈표 5-3〉 일본 액티비티 센터(Activity Center)

Activity director	예술, 놀이, 놀이도구를 Care를 중심에 둔 기획과 연출을 계획·실시하는 전문직으로, 고령자 복지시설의 Activity Service와 재택간호의 환경을 시행하며, 리더의 역할을 수행하는 인재양성을 목표로 한다.
Activity producer	의, 식, 주 놀이, 수면의 5대 영역을 연구하고, 예술문화, 놀이문화를 주축으로 한 장기적인 Care Plan을 정립하여 고령자의 생활문화를 높일 수 있는 지도적인 입장에 설 수 있는 인재 양성을 목표로 한다.
Art 「복지 art 코디네이터」 코스	Art(수공예) 활동은, 고령자의 놀이마음을 자극하고, 자유로운 발상으로 제작과정을 즐기며, 어른들의 수공예활동의 협력을 증진시키는 것을 목표로 한다. 잔존능력을 개발하고, 예술문화를 풍성하게 할 수 있도록 교육하는 art 활동을 도입한다. - 고령자의 상황에 맞게 재료, 소재, 도구를 선택하는 방법 - 고령자 시설에서 가장 친근한 종이를 사용하여, 완전한 활용을 시도함 - 친근한 소재를 사용한 「Grade up 수공예」
Toy 「고령자 장난감 지도자」 코스	즐거운 활동은 자연스럽게 마음과 몸이 움직이는 것이다. Activity의 질을 높이면서 즐겁게 재활을 할 수 있는 놀이도구, 게임을 선택하는 방법, 놀이방법에 관한 것을 연구한다. 친근한 소재를 이용한 장난감을 만드는 방법과, 워크샵에서 몸으로 느끼면서 고령자 놀이의 전문가가 됨 - 커뮤니케이션, 장난감 & 세계의 Activity, 장난감 워크샵 - 심플한 소재, 재활용한 소재, 간단한 기법의 수공예 놀이 - 고령자의 놀이이론, 장난감 이론
Play 「복지 playwork」 코스	게임과 체조 등의 Playwork은, 일상생활에 필요한 신체의 동작에 포함되어 있다. 고령자의 다양한 상태와 생활 장면을 분석하여, 집단과 개인에게 즐거움을 주는 놀이를 가르쳐 주고 참가함으로서 즐거운 마음과 생활의 질을 향상시키는 방법을 배운다. - 일상생활에 필요한 복지 Playwork - 1개의 메뉴를 고령자의 상태와 생활 장면에 맞추어 생각함 - Playwork 스텝으로써 관여하는 방법
Care 「고령자 care design」 코스	고령자와 장애자의 상태별로 필요한 케어의 테크닉과 마인드를 배우고, 그런 사람들이 일상생활을 보내기 위해 필요한 지원을 생각하게 한다. 간호가 필요한 사람들에게 Care 실현 목표로 하며, 현장에서 능숙한 Care Design의 방법과 고령자의 인생을 Design 할 수 있는 능력을 몸으로 익힌다. - 부자유함을 발견하는 기술을 몸으로 배움. - ICF 모델에 따른 Care Design의 개념 - 간호 및 재활현장에서 부담 없이 할 수 있는 Care를 Design함

(3) 치매지원센터의 활동프로그램

2007년 서울시 광역치매센터는 각 자치구별로 자치구 치매지원센터를 개설하였고, 인지건강센터를 부설로 설치하였다. 인지건강센터에서는 다양한 작업치료활동들이 제공되었으며 작업치료활동에는 게임, 종이공예, 그리기, 모자이크, 원예, 요리 등이 포함되어 있다. 이 활동들은 인지 재활을 돕는 활동들로 인지, 신체 및 감각기능의 향상을 돕고 사회성 증진을 촉진한다. 특히 인지기능의 향상을 돕기 위해 컴퓨터-보조인지 프로그램(Computer-assisted cognitive rehabilitation : CACR)을 사용하여 집중력, 주의력, 기억력, 실행기술, 지각운동기술 등을 게임과 같은 프로그램을 통하여 언어능력, 수 인지력, 공간지각능력을 익히도록 한다(표 5-4).

아래의 성도구 인지건강센터의 프로그램처럼 다양한 작업치료 및 인지증진 치료프로그램을 통하여 노인들의 인지재활을 돕고 있다.

〈표 5-4〉 성동구 인지건강센터

월	화	수	목	금
작업치료 및 인지 증진치료	A Sliver Club B Sliver Club	작업치료 및 인지 증진치료	A Sliver Club B Sliver Club	작업치료 및 인지 증진치료
A 원예 B 미술	작업치료 및 인지 증진치료	A 음악 B Robot Pet	작업치료 및 인지 증진치료	A 모래놀이 B 문예

4. 결 론

노인인구의 증가와 더불어 필요성이 증가된 작업치료는 목적적인 일, 놀이 및 여가, 일상생활활동이 수행영역이며 치료적 매체로 다양한 치료적 활동이 사용된다. 작업치료는 활동에 초점을 맞추고 단계적인 활동을 제공하여 치료 및 교육을 실시하고 활동에 관한 선택, 치료계획 수립, 실행하는 과정으로 이루어진다. 이때 사용되는 치료적 작업치료활동은 치료적 목적으로 각 대상자에게 단계적인 활동 중재, 동기부여 및 예술을 가르치거나 배우는 등 전체적인 활동을 일컫는다. 이러한 치료적 활동은 대상자의 신체적 상태나 수행능력과 연관되며 선택된 활동은 대상자의 인지적, 감정적 상태나 요구와 밀접한 관련이 있다. 20세기 들어서 작업치료분야에서는 "Art and Craft"가 중요한 치료적 모델로 나타나기 시작하였고 치료적 중재활동으로 활용되기 시작하였다. 역사적으로

1920년대부터 작업치료사는 작업치료의 활동으로 목재, 조립, 스포츠, 게임, 드라마, 희극을 포함한 음악 및 미술활동 등을 치료적 매체로 사용하였고 이런 활동은 대상자의 과거기록, 흥미 및 직업적인 목표를 고려하여 적용하였다.

작업치료에서 사용되는 치료적 활동은 고령화 사회에 따른 서비스의 요구에 따라 병원, 요양원 및 지역사회로 서비스가 확대되고 중요성이 증대되고 있다. 따라서 적합한 치료적 활동의 제공을 통하여 노인들의 삶을 변화시키고 삶의 질 향상에 기여할 것을 기대한다.

참고문헌

나항진. (2003). 삶의질 향상을 위한 노인여가의 역할에 관한 연구. 노인학, 24(1). 53~70.

설민신 외. (2000). 노인건강을 위한 운동프로그램. 서울 : 학문사.

양영애 외. (2008). 노인작업치료. 서울 : 계축문화사.

양영애 외. (2006). 노인의 여가에서 예술치료활동의 이해와 전망. 한국스포츠리서치, 17권 4호

조경옥. (2004). 노인교육과 사회관계, 생활만족에 관한 사례연구. 노인복지연구. 127~156.

조추용. (2004). 치매노인을 위한 몬테소리 프로그램 개발. 노인복지연구. 191~141.

최말옥, 박혜령. (2005). 노인 생활 만족도 및 자아존중감과 우울감에 대한 집단 음악 프로그램 효과성 비교연구. 노인복지연구. 303~324.

Cynthia C, Marcel D, Normajean B. et al(1995). Reasoning and the Art Therapy for Spinal Cord Injury. American Journal of Occupational Therapy, 49 : 4, pp. 311~317.

Cynthia, C.(1993). Graded Activity. American Journal of Occupational Therapy, 47(8). 745~748.

Florence, A.C., Shan, P.F.(1995). Life Domains and Adaptive Strategies of a Group of low-Income, Well Older Adults. American Journal of Occupational Therapy, 26(2). 99~108.

Mary, E.P.(1994). The Use of Drama and Puppery in Occupational Therapy during he 1920s and 1930s. American Journal of Occupational Therapy, 50(3). 229~232.

Ped retti's Occupational Therapy Sixth.(2001). Mosby.

Richard, C.B., Peggy, A.L.(1990). Teaching the Patient with Cognitive Defícts to Use a Computer. American Journal of Occupational Therapy, 44(4). 364~367.

제6장

스포츠 액티비티의 이론과 실제

제6장 스포츠 액티비티의 이론과 실제

정 수 호(인제대학교 자연과학대학 사회체육학과 교수)

1. 고령자 스포츠 액티비티의 개념 및 효과

1) 고령자 스포츠 액티비티의 필요성

스포츠 액티비티가 고령자에게 가장 주목받고 있는 주된 이유는 고령자의 삶의 질은 물론 건강 수명 연장과 밀접하게 관련되어 있기 때문이다. 최근, 평균 수명 연장에 비해서 건강 수명이 단축되면서 고령자의 스포츠 액티비티를 통한 건강 수명 연장이 사회적 관심사로 부각되고 있다. 즉, 고령자들이 생존의 기본적 욕구인 즐거움 속에서 사는 보람을 느끼며, 가족 내 및 사회에서 안정감을 심어주는 사회적 역할이 강조되고 있음을 의미한다.

건강 수명 연장에 있어서 최대의 걸림돌은 사람이라면 누구나 피할 수 없는 노화현상이다. 노화는 몸의 모든 세포수가 감소하거나 그 기능이 약화되어 가는 과정이다. 그로 인해 육체적 활동은 줄게 되고, 환경변화에 대해 신체적응 능력도 떨어지면서 정상적인 생활을 하기 힘들게 된다. 즉, 일생의 최종단계를 받아들여야 하는 인식에 정서적인 안정감을 잃어 버리기 쉽다. 다시 말하자면, 신체 노화와 정서적 불안정으로 인한 건강 수명에 대한 불안은 고령자가 가지고 있는 최대의 문제이다.

최근, 학력, 소득, 경험, 건강에 있어 개인차는 있지만, 정년퇴직 이후의 노령기가 길어지고 있어, 퇴직 후 역할 있는 활동이나 증가된 여가시간에 대한 활용방안이 절실하게 요구되어 지고 있다. 즉, 고령자에게서 여가란 일정한 공적 역할을 부여받지 못한 상태로 무료하고 만성화된 무위무용의 시간으로 전략되어서는 안 된다는 것을 의미한다.

고령화 속도는 세계 최고, 노후준비는 최하 수준인 한국사회에서 고령자의 심신의 건강 및 성공적인 노후생활을 위한 주요한 수단인 고령자 스포츠 액티비티를 활성화시키는 것이 한국사회가 해결해야 할 긴급한 과제의 하나이다.

2) 고령자 스포츠 액티비티의 개념

고령자에게 공통적으로 나타나는 현상은 신체적 퇴화, 권태와 고독감, 사회생활 영역의 축소로 인한 소외감, 소득의 불안정 등이다. 특히, 경제적 어려움, 건강 보호의 어려움, 역할 상실과 여가선용의 어려움, 고독과 소외 및 갈등문제는 누구나 고령자라면 겪고 있는 문제이다. 이러한 상황에서 고령자의 주된 관심사는 건강한 노후생활이다. 따라서, 활동적인 스포츠 액티비티를 통한 여가시간의 적극적 소비는 고령자가 지닌 본질적인 문제를 해결할 수 있는 최선의 방책이며 성공적인 노후생활을 위한 최고의 선택 항목이다.

여기서, 고령자 스포츠 액티비티란 평생교육의 마지막 단계로서 고령자의 삶의 질을 높이고, 고령자가 가지고 있는 불안을 해소시키면서 건강한 노후생활을 영위할 수 있도록 역할을 수행하는 것을 목적으로 한다. 고령자 스포츠 액티비티는 고령자의 가장 기본적인 욕구를 충족시켜 주는 주요한 수단이다. 즉, 고령자가 직면하고 있는 노화에 대한 불안, 가족이나 조직내에서의 역할에 대한 불안, 심신의 건강에 대한 불안을 해소해주는 주요 활동으로 스포츠 액티비티가 자리잡고 있음을 의미한다. 향후, 고령자를 위한 스포츠 액티비티는 고령자의 심신의 건강, 증가된 여가시간의 활용문제 등을 해결해주는 중요한 기능을 수행할 것으로 평가된다.

현재, 정부를 비롯한 관련단체에서 고령자들의 기본욕구를 충족시키기 위해서 다양한 복지정책, 사회적 지원, 여러 제도를 마련하고 있다. 이러한 정책들의 주된 내용은 고령자들의 건강한 노후생활을 위한 현실적인 대안으로 주목받고 있는 스포츠 액티비티 프로그램을 시행하고 확대하는 것이다.

3) 고령자 스포츠 액티비티의 효과

(1) 생존의 욕구를 충족시켜 주는 효과

최근, 스포츠나 레크레이션을 활용한 복지정책이 지역사회에서 활발하게 전개되고 있는 사실에 주목할 필요가 있다. 특히, [스포츠 = 복지]라는 상징적 구도속에서 고령자 복지정책이 전개되고 있는 사실에 주목할 필요가 있다. 노인복지가 보호나 구원이라는 차원에서 벗어나, 스포츠나 여가활동을 통해서 고령자 개인의 인간존중에 기초한 자립이나 사회적 연대를 중요시하는 경향으로 전개되고 있음을 암시한다.

일반적으로 스포츠는 사는 보람을 창출하는 효용이 있다. 특히, 고령자에게서 여가 스포츠 자체가 사는 보람이고 사는 보람을 실현하는 과정에서 스포츠가 활용되고 있다. 세부적으로 고령자 스포츠의 활성화에는 스포츠가 사는 보람 그 자체인 목적적 스포츠와 사는 보람을 실현하기 위한 수단적 스포츠 두 가지로 나뉠 수 있다. 지면관계상 세부적인 논의는 할 수 없지만, 어떤 접근방법도 고령자 스포츠가 최종적으로 고령자의 사는 보람, 즉 생존의 욕구과 밀접한 관계가 있다. 고령자에 있어서 여가나 스포츠는 생존의 욕구를 충족시키는 매우 주요한 매개체의 역할을 수행하고 있기 때문이다.

(2) 변화와 성장의 욕구를 충족시켜 주는 효과

고령자 스포츠 액티비티는 노인정에서 담배를 피우고 화투를 치는 소극적인 생활패턴에서 적극적이고 활동적인 일상생활로 전환하는 주요한 전기를 마련 해준다. 자기에게 알맞은 스포츠 액티비티의 생활화는 일상생활에서의 경쟁심, 투쟁심 대한 욕구를 충족시켜 주는 효과가 있다. 실질적으로 신체적 활동이 활발한 고령자일수록 지적수준이 높으며, 신체가 건강하지 못한 고령자일수록 지적능력 또한 퇴화하는 것으로 평가되고 있다. 고령자가 여가 스포츠에 참여하는 활동은 움직임에 대한 욕구를 만족시키고, 마음의 평온함, 스트레스 해소, 자아발견의 기회 등 만족스러운 결과를 얻을 수 있다. 스포츠 댄스에 1년이상 참가한 참가자의 인터뷰 내용에서 스포츠 활동이 고령자에게 변화와 성장의 욕구를 충족시켜 주는 효과가 있다는 것을 쉽게 알 수 있다.

[땀을 흘리면 산다는 느낌이 든다] [음악에 맞춰서 춤을 추니까 기분이 좋다] [난이도가 높아지면서 성취감도 느끼며, 타인에게 보여주고 싶은 주목의식도 느낀다]

한편, 스포츠 액티비티가 지속적으로 유지되는 경우, 대부분 클럽이나 연합회라는 조직이 생겨난다. 조직이 탄생되면 조직을 유지 관리하기 위해서 회원 자체적으로 강제적이거나 자율적이거나 역할분담이 주어진다. 즉, 여가 스포츠를 즐기기 위한 스포츠조직을 운영 관리하는 과정 자체가 새로운 변화와 성장을 경험하는 것이 된다. 실질적으로, 고령자 스포츠와 관련된 조직들이 행정주도의 틀에서 크게 벗어나지 못하는 실정이지만, 조직 내에는 회장·부회장의 조직망 작성, 역할 분담 등 자율적인 활동이 이루어지고 있으며, 제2의 사회화 과정을 경험하게 된다.

(3) 교류 단절에 대한 불안을 해소시켜 주는 효과

고령화 시기가 길어지면 길수록 기존에 유지해오던 인간관계가 단절되는 경우가 일반적이며, 새로운 인간관계를 형성한다는 것은 그리 쉬운 일이 아니다. 그 결과, 고령자는 사회 심리적으로 고립되거나 소외감을 느낀다. 더욱이 재산의 통제, 가족에 대한 지배, 사회의 주요 지위의 상실에 의한 사회 심리적 불안은 정신 및 신경기능의 저하와 불안 또는 우울 등의 정서 및 성격의 변화를 불러 일으키기도 한다.

이런 여건속에서 스포츠 액티비티를 통한 상호간의 공감대 형성, 우정과 사랑의 교류관계는 불안전한 인간관계에 대한 불안에서 벗어날 수 있는 계기를 마련해준다. 이를 반증하듯, 고령자가 선호하는 스포츠 액티비티 유형을 조사해보면, 혼자서 하는 프로그램보다는 몇 명이 모여서 하는 프로그램을 희망한다. 산보나 워킹 등 혼자서 하는 스포츠를 많이 즐기고는 있지만, 다수의 고령자가 산보나 워킹도 다 같이 모여서 하는 것을 선호한다. 그 배경에는 '여기에 오면 많은 사람들을 만날 수 있다', '휴식시간에 스포츠를 벗어나 일상적인 생활에 대한 많은 화제 거리로 대화를 나눌 수 있어서 좋다'라고 덧붙인다. 즉, 스포츠 액티비티의 장은 노인의 사회 심리적 만족감을 얻을 수 있는 주요한 공간이다. 스포츠 액티비티는 고령자들의 새로운 인간관계를 형성시켜 주는 효과가 있으며, 사회 심리적 만족감을 얻을 수 있는 새로운 인간관계를 형성시켜 주는 역할을 수행한다.

(4) 신체적 노화현상을 해소시켜 주는 효과

노화의 기본적 특징은 보편성(university), 내재성(intrinsicality), 진행성(progressiveness), 유해성(deleteriousness)으로, 노화현상은 생체의 불가피하고 불가역적인 현상이다. 노화의 개인적인 차이는 환경적인 요인에 영향을 받지만, 기본적으로는 유전적 요인에 의해 크게 규정되어 진다. 신체 기능의 변화에는 일부 가역성이 성립될 수 있으며, 그 가능성을 실현시키는 하나의 요인이 스포츠 액티비티이다. 특히, 이러한 스포츠 액티비티의 효용성은 노인에게 있어 커다란 의미를 가져다 준다. 예를 들어, '사교댄스 참가자의 참가이유는 대부분이 건강 체력 단련이며, 운동 후에 심신이 지쳐있기에 잠자리에서 숙면을 취할 수 있다'라고 말한다. 이처럼 규칙적인 스포츠 액티비티는 체력의 저하로 운동기능이 둔화되고, 심폐기능과 면역 능력이 저하되어 주위환경에 대한 적응력이 저하되는 것을 막을 수 있다. 반대로 여가시간에 집에서 TV 시청이나 낮잠을 취하는 소극적인 일상생활로 하루하루를 무의미하게 지내게 된다면 심신이 노화되고 뇌도 빨리 노화되어 버린다. 특히, 소극적인 일상생활은 치매를 일으키는 주된 원인이 된다. 신체적 노화현상을 예방하는 길은 건전한 생활습관을 갖고 자기에게 알맞은 스포츠 액티비티를 생활화하는 것이다.

2. 스포츠 액티비티의 참여 실태

1) 참여 실태

체육과학연구원이 2003년 실시한 "고령자 여가 스포츠 실태 조사"를 살펴보면, 여가시간에 고령자들이 참여하는 여가 스포츠 액티비티의 실태를 쉽게 이해할 수 있다.

먼저, 증가되고 있는 여가시간에 즐기는 활동에 대해서 조사한 결과, [그림 6-1] 고령자 여가활동 분포도에서 나타난 바와 같이 TV시청(35.9%)이 가장 많았으며, 경로당/복지회관/노인대학가기(13.8%), 집안정리(12.0%), 운동 및 스포츠 활동(8.9%), 낮잠(7.2%), 산책(5.6%), 화투/카드(4.5%), 이웃들과 대화(3.1%), 장기 및 바둑(2.9%), 등산(2.6%), 손자손녀 돌보기(2.5%), 공원가기(2.4%), 독서(2.0%), 종교활동(1.7%), 없다(1.5%), 음악 및 영화감상(0.4%), 여행(0.3%), 윷놀이(0.3%), 인터넷(0.2%), 노래하기(0.2%), 서예(0.2%), 음주(0.2%), 경기관람(0.1%), 친척집 방문(0.1%), 사교댄스(0.1%), 화초 가꾸기(0.1%), 쇼핑하기(0.1%), 텃밭 가꾸기(0.1%), 마작(0.1%) 순으로 나타났다.

건강과 체력유지에 가장 중요한 요소가 무엇이라고 생각하는지에 대해서 조사한 결과, [그림 6-2]에서 나타난 바와 같이 규칙적인 운동(41.1%)이 가장 높게 나타났으며, 규칙적인 식사 및 영양보충(30.7%), 충분한 휴식 및 수면(14.4%), 식사조절(8.1%), 금연 및 금주(4.3%), 목욕 및 마사지(1.0%), 심리적 안정(0.2%), 자신의 일을 가지고 있는 것(0.2%), 긍정적 사고 및 생활방식(0.1%) 순으로 나타났다.

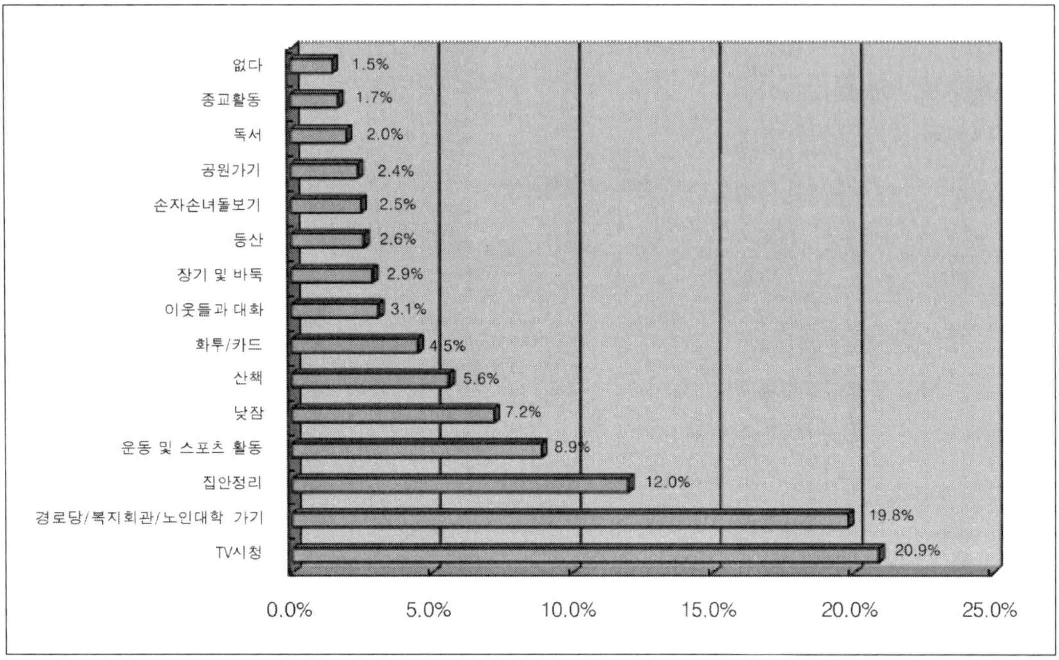

[그림 6-1] 고령자 여가활동 분포도

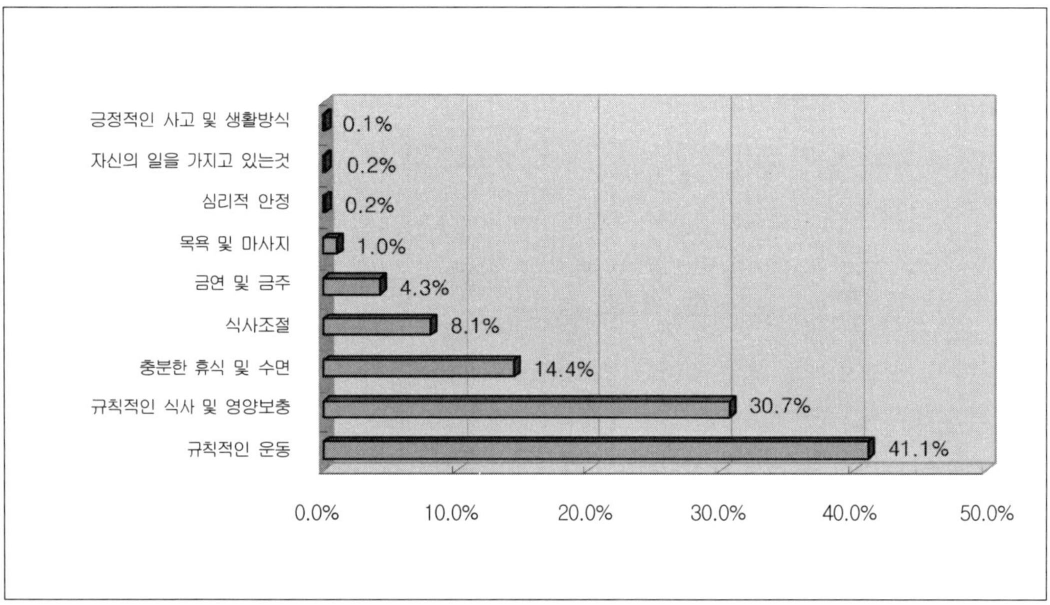

[그림 6-2] 건강 및 체력유지 방법

스포츠 활동에 참여하게 된 가장 직접적인 이유로는 건강유지 및 증진(81%)이 가장 높게 나타났으며, 체중조절(7%), 여가선용(5%), 스트레스 해소(4%), 대인관계 및 사교(2%), 자기만족(1%) 순으로 나타났다. 현재, 규칙적으로 참여하고 있는 운동종목에 대한 조사 결과로는 등산(28.2%)이 가장 많이 즐기는 종목으로 나타났으며, 그 다음으로는 육상/조깅(12.2%), 맨손체조/줄넘기(8.6%) 순으로 나타났다. 향후, 참여하기를 희망하는 운동 종목으로는 등산(23.5%), 수영(11.4%), 골프(9.0%), 게이트볼(6.6%), 배드민턴(5.9%) 순으로 나타났다.

스포츠 활동을 지속적으로 참가하고 있는 고령자를 대상으로 이용하고 있는 체육시설에 대해 복수로 응답하게 한 결과, 인근 지역 학교 운동장을 주로 이용하고 있으며, 그 다음으로 인근 공원, 경로당/복지회관/노인대학 운동시설이었다. 최근, 지역사회의 공공스포츠센터와 노인복지회관에서 고령자들을 위한 여가 스포츠 액티비티 프로그램이 조금씩 개설되고 있다. 인제대학교 스포츠산업연구소(2009)가 2008년 12월 기준으로 전국 공공체육시설 120개소와 노인복지회관 140개소에서 노인을 대상으로 하는 여가 스포츠 프로그램을 전화와 인터넷으로 조사한 결과, 공공스포츠센터에는 실버반 수영만이 지속적으로 개설되고 있으며, 수시로 스포츠댄스, 체조, 스트레칭 프로그램, 요가 등이 개설 운영되고 있다, 이에 반해 노인복지회관에서는 공공스포츠센터 보다 고령자들을 위한 건강 및 스포츠 활동 프로그램들이 많이 실시되고 있다. 가장 많이 실시되고 있는 프로그램으로는 각종 체조나 요가 프로그램의 실시빈도도 가장 높았으며, 참여하는 인원도 타 프로그램보다 더 많은 것으로 조사되었다. 최근 댄스스포츠, 포크댄스를 포함한 각종 댄스 프로그램이 고령자들에게 인기가 높아지면서 공공스포츠센터나 노인복지회관에서 각종 댄스 프로그램이 개설이 증가하고 있는 것으로 나타났다.

"고령자 여가 스포츠 실태 조사"(체육과학연구원, 2003)와 "공공체육시설과 노인복지회관의 고령자 프로그램 현황"(인제대학교 스포츠 산업연구소, 2008)의 조사결과를 정리해보면, 건강한 노후생활을 영위하기 위해서는 지속적인 스포츠 액티비티가 가장 필수적이지만, 고령자들의 여가 시간의 소비 유형은 매우 소극적 형태를 보여주는 것으로 나타나고 있다. 더욱이 60세 이상 고령자의 평균 여가시간은 약 5시간 30분으로 30대에 비해 거의 2배 가까이(1.7~1.8시간) 많은 것으로 나타나고 있다. 증가된 여가시간을 집에서 TV를 보거나 쉬거나 낮잠을 자는 것으로 보내고 있으며, 건강이나 체력을 위한 스포츠 액티비티나 문화활동 참여는 극히 미진한 편으로 나타나고 있다.

향후, 건강한 노후생활을 위해서는 고령자에게 적절한 스포츠 액티비티의 효용성과 다양한 프로그램을 제시하는 것이 무엇보다도 중요하다고 판단된다. 즉, 신체적 노화현상을 예방하고 건강 수명 연장을 위한 고령자 스포츠 액티비티가 적극적으로 확대 보급되어야 할 것이다.

2) 고령자 관련 체육 정책

고령자의 스포츠 활동은 심신의 건강 유지를 통한 성공적 노후생활뿐만 아니라 고령화 사회에서 빠른 속도로 증가하고는 있는 노인 의료비 증가 문제에 대한 해결책으로서도 중요한 의미를 갖는다. 즉, 고령화 사회가 급속도로 전개되고 있는 한국사회에서 스포츠 활동을 통한 건강 수명 연장이 국가의 주요한 과제로 등장한 것을 의미한다. 이는 성공적 노후생활과 노인복지 향상 측면에서 고령자 스포츠 진흥 정책이 무게를 갖게 되었음을 시사한다.

한편, 고령자의 스포츠 활동과 여가 등에 관련된 법으로는 국민체육진흥법과 노인복지법이 있다. 국민체육진흥법은 스포츠 활동에 관련된 법으로 1982년에 개정되었으며, "국민체육을 진흥함으로써 국민의 체력을 증진하고 건전한 정신을 함양하여 명랑한 국민생활을 영위하게 하며, 나아가 체육을 통하여 국위선양에 이바지함을 목적으로 한다."고 규정되어 있다.

국민체육진흥을 담당하고 있는 문화체육관광부 체육국에는 체육정책과, 체육진흥과, 스포츠산업과, 국제체육과, 장애인문화체육과 등 5개과가 있으며, 고령자체육 관련 업무는 체육진흥과에서 담당하고 있다. 2000년 이전에는 고령자를 위한 스포츠 진흥 정책은 거의 찾아 볼 수 없었다. 2000년 이후부터 사회취약계층을 위한 문화 · 관광 · 체육복지가 강화되면서 문화관광부의 노인체육 정책 사업이 제도적으로 정비되기 시작하였다. 구체적으로 살펴보면, 고령화 사회 진입에 대비하여 2000년 '노인 등 마을단위 생활체육시설'이 정비되기 시작되었고, 2002년에는 노인의 여가문화 및 스포츠 활동 지원방안으로 게이트 볼 구장이 조성되고, 노인복지시설에는 운동기구가 지원되었다. 2003년 노인의 건강 및 삶의 질 향상을 위한 시 · 군 · 구별 게이트볼 전용구장 연차적으로 설치 확대되었으며, 장수체육대학의 운영을 확대하였다. 2004년도부터는 노인여가 복지시설이나 사회복지시설 등에 대한 찾아가는 생활체육서비스가 실시되었으며, 아울러 사회복지시설에 대한 체육용품의 지원을 확대 강화하였다(www.mct.go.kr).

단, 고령자 관련 체육 정책이 점차적으로 확대 시행되고는 있지만 아직까지도 미미한 실정이며, 사업도 게이트볼 장 조성이나 운동기구 지원 등 일부 사업에 편중되어 있다. 더욱이, 문화체육관광부내에 노인체육을 담당할 전담부서와 직원이 없어 노인체육진흥을 위한 정책 입안과 사업추진에 한계가 있다.

정리해보면 한국의 고령자 관련 체육정책이 시행되고 있지만, 고령자의 특성에 적합한 종목별 스포츠 종목 개발 및 용구 개발, 체육시설 조성 등 고령자스포츠 진흥을 위한 스포츠 정책이 제대로 시행되고 있지 못하고 있다. 고령자를 위한 스포츠 정책이 신규 사업으로 채택되지 못하고 있는 상황에서, 기존의 체육시설을 고령자에게 확대 개방하지 못한 채 고령자 적합 종목으로 인식되어 온 게이트볼 종목의 활성화에만 정책적 지원 범위가 한정되는 경향이 있다. 이는 고령화 사회를 대비한 종합적 고령자 스포츠 진흥 정책이 부족함을 의미한다. 그러므로 고령자 스포츠 활성화를 위한 사업 추진의 주체와 부서, 그리고 프로그램 등 제반요인을 고려한 종합적 고령자 스포츠 정책이 필요하다 하겠다.

3. 스포츠 액티비티를 위한 이론적 서설

1) 기본 지침

고령자를 위한 스포츠 액티비티는 주로 심폐 기능 향상을 위한 유산소 운동이 우선적으로 추천된다. 고령자의 운동 프로그램은 복잡한 동작을 요구하는 운동보다는 단순하면서도 배우기 쉬워야 하고 운동의 양과 강도도 쉽게 조절될 수 있는 것이 좋으며 다음과 같은 신체적 특성이 고려되어야 한다.

- 고령자가 되면 신체는 청소년에 비해 유연성과 탄력성이 떨어져 관절은 굳어져 있다. 그러므로 갑작스럽거나 불규칙한 동작은 삼가야 한다.
- 특히 여성 고령자는 강약의 차이가 있을 뿐 누구에게나 골다공증이 있다. 그러므로 가벼운 충격에도 쉽게 골절과 같은 운동손상이 일어날 수 있다.
- 근력이 약화되어 있고 감각신경이나 운동신경 모두 노화되어 있어 쉽게 운동 손상을 입을 수 있다.

이러한 신체적 특성 때문에 고령자들의 경우 특히 단계적이면서도 규칙적으로 운동을 실시해야 하고 운동의 종류나 시간, 빈도, 강도 등은 젊은이에 비해 더 철저히 고려되어야 한다.

고령자가 스포츠 활동을 원활하게 수행하기 위해서 지켜야 할 기본 운동수칙은 다음과 같다.

(1) 운동의 순서는 준비 운동, 본 운동, 정리 운동 순으로 실시한다. 유연성 운동과 관절 운동은 주요 관절의 기능을 회복시키거나 그 능력을 유지시켜 주기 때문에 반드시 필요하다. 그렇기 때문에 모든 운동을 시작하기 전에는 철저한 준비 운동을 하는 것이 매우 중요하다.

(2) 관절과 근육을 풀어주는 준비 운동으로 적당한 것은 천천히 걷기인데 이렇게 본 운동을 시작하기 전에 가벼운 마음으로 10~15분가량 준비 운동을 하면 심리적으로도 육체적으로도 안정이 된다. 특히 준비운동으로 어깨나 고관절 부위의 회전 운동을 하는 것이 좋은데 여기에는 맨손체조, 노젓기, 수영, 스트레칭 등이 있다.

(3) 본격적인 운동을 시작할 때는 20~30분 정도를 목표로 하고 욕심을 부리지 않는 것이 좋다. 심하게 신체를 뒤트는 운동이라든가 경쟁적인 신체 활동, 접촉성이 심한 운동은 피하는 것이 좋으며 수영이나 자전거 타기와 같은 운동은 운동하는 동안에도 어느 정도의 휴식시간을 가지면서 하는 것이 더욱 좋다.

(4) 운동의 강도는 자신의 나이에 따른 최대 심장 박동수(최대 심장 박동수 = 220 − 자신의 연령)의 50% 내지 75%로 목표 심장박동수를 설정하면 된다. 운동 시간도 자신의 신체 능력 범위에서 찾아야 하는데, 대략 1주일에 3~4회 정도면 적당하다. 또 1회 운동 시간도 20~30분이 좋으며 스포츠 액티비티 프로그램의 종류에 따라서 빈도 및 시간을 조정하는 것이 좋다. 운동을 시작하는 입장이라면 매일 하겠다는 생각은 버리고 운동에 익숙해진 사람이라도 너무 자주 오랫동안 해서는 안 된다. 자신이 하고 있는 운동의 종류와 운동량을 기록했다가 이것을 자료로 활용하는 것은 매우 바람직하며, 이러한 자료는 전문 운동처방사와 상담을 할 때 참고가 될 수 있다.

(5) 운동을 마친 뒤에는 원래의 상태로 돌아갈 수 있도록 5~10분 정도 정리 운동을 해야 하는데 이것은 준비 운동의 역순으로 진행한다. 즉, 준비 운동에서 강도와 속도를 강화시켰다면 정리 운동에서는 반대로 강도와 속도를 낮추어 심장박동수가 안정시 정도로 회복될 수 있게 조절하면 된다.

(6) 운동의 마지막 단계에서는 근육상태가 탄력적이면서 따뜻한 상태이므로 근육이나 관절운동 범위를 평소보다 넓게 잡아도 된다. 이것은 스트레칭을 통해서도 확인할 수가 있다.

(7) 질병이 있어 치료를 받고 있는 환자라면 전문 운동처방사와 상의해서 운동의 양과 종류, 시간을 결정하는 것이 좋고 치료되지 않는 심혈관계 장애를 가지고 있다면 운동 전 반드시 전문의, 운동처방사와 상담을 해야 한다.

2) 주의 사항

① 사고의 위험성을 최소화 시켜야 한다.
② 피로하지 않는 범위 내에서 팔과 다리를 많이 사용해야 한다.
③ 노인의 욕구, 건강상태, 장비와 시설, 개인의 기호나 가용시간을 고려해야 한다.
④ 관절부위 및 활동근육에 무리를 주지 않는 운동을 선택하여 20~30분 정도 지속할 수 있는 강도로 운동할 수 있어야 한다.
⑤ 사고의 위험성을 최소화하기 위하여 운동의 강도를 조절해야 한다.
⑥ 운동 전후에 가벼운 몸 풀기를 하도록 한다(예 : 가벼운 보행, 스트레칭 등).
⑦ 운동 후 몸이 풀려 있을 때 꼭 근육을 펴는 체조 등으로 정리 운동을 한다.
⑧ 나이가 들어감에 따라 갈증을 느끼지 못할 때가 많다. 따라서 운동으로 땀을 흘린 경우에는 음료를 마시도록 한다.

3) 스포츠 액티비티 종목 개발을 위한 조건

고령자 스포츠 액티비티의 활성화를 위해서는 가장 선행되어야 과제는 연령층에 적합한 스포츠 액티비티 종목을 개발하는 작업이다. 먼저, 고령자를 위한 새로운 스포츠 액티비티 종목을 개발하기 위해서는 다음과 같은 조건을 반드시 충족시켜야 한다.

표 6-1의 고령자 스포츠 액티비티 개발을 위한 전제조건을 재정리해보면, 고령자 스포츠 액티비티는 심폐지구력, 유연성, 근력을 증진시킬 수 있는 조건을 반영해야 한다. 세부적으로 정리하면, ① 심장과 호흡기계 건강을 증진하고 근육기능을 향상시키는 운동, ② 노인성질환의 예방과 노화현상을 가능한 한 늦출 수 있는 운동, ③ 정신적 안정감과 주위환경에 대한 적응력을 높일 수 있는 운동, ④ 상해위험이 적고 체력에 맞게 운동량을 쉽게 조절할 수 있는 운동이다.

〈표 6-1〉 고령자 스포츠 액티비티 개발을 위한 전제조건

구 분	조 건
사 고 면	▶ 금기사항 부분을 운동요소에서 배제할 것 • 최대 부하를 요하는 운동 • 급작스럽게 달리는 일 • 부딪치거나 직접적으로 신체를 접촉하는 운동 • 무더위나 폭한기온에서 하는 운동
기 술 면	▶ 과거에 스포츠 경험이 없어도 할 수 있고, 경험이 있어도 기술의 차가 크게 나타나지 않으며, 초보자도 쉽게 접할 수 있을 것 ▶ 규칙이 복잡하지 않을 것 ▶ 게임 자체가 즐겁고, 하면 할수록 기술적 향상이 나타날 것 ▶ 단체경기라도 개인이 활동할 수 있는 공간이 필요하며, 초보자의 경우 개인의 책임이 선명하게 들어나지 않을 것
체 력 면	▶ 특별한 신체능력이 필요 없으면서 운동량이 많지 않으며, 피곤하지 않을 것
사 회 면	▶ 동료와 같이 할 수 있으며, 가족의 이해를 얻을 수 있을 것
심 리 면	▶ 활동 자체가 즐겁고 동료와의 공동 의식을 공유해야 할 것 ▶ 건강면에서 효용감을 느끼게 할 것
경 제 면	▶ 특별한 용구가 필요하지 않으며, 비용이 많이 소요되지 않을 것 ▶ 용구 자체의 가격이 저렴할 것
시 설 면	▶ 스포츠 시설이 인근 지역에 있으며, 접근성이 용이할 것

4. 고령자 스포츠 액티비티 프로그램

1) 일상생활용 스포츠 액티비티

고령자에게 적극 권장하는 스포츠 액티비티는 일상생활용 스포츠 액티비티이다. 종목으로 유산소운동으로 걷기, 달리기, 요가, 맨손체조 등이다.

〈표 6-2〉 일상생활용 스포츠 액티비티

종 류	방 법
걷기	- 허리를 바로세우고 배를 내밀지 않고 바로 걷는다. - 운동의 강도는 자신의 최대심박수의 50~60%로 한다. - 운동 빈도는 주당 4회가 적당
스트레칭	- 근육을 일정한 시간동안 지속적으로 편다. - 무리하게 반동을 주지 않는다. - 호흡을 부드럽고 자연스럽게 계속한다. - 경쟁을 금하고 다양한 동작을 실시한다.
맨손체조	- 근육의 유연성이나 관절의 가동을 높인다. - 바른 자세로 실시하는 것이 중요하다. - 심장에서 먼 부위부터 가까운 부위로, 약한 운동에서 강한 운동으로 실시한다.
달리기	- 규칙적으로 실시하는 것이 중요하다. - 걷기 과정에서 시작하는 것이 바람직하다. - 운동시간은 20~30분 정도가 적당하고 주당 4회를 실시한다.

◆ **일상생활형 스포츠 액티비티의 특징**

- 고령자는 학력, 소득, 경험, 건강에 있어 개인차가 큰 시기이지만, 일상생활형 스포츠 액티비티 프로그램은 고령자의 개인차에 관계없이 누구나 편안하고 쉽게 참여할 수 있다.
- 비교적 안전하여 체력수준이 낮거나 운동경험이 없는 초보자들도 쉽게 접근할 수 있다.
- 언제, 어디서나 참여할 수 있는 프로그램이며, 특별한 용구를 필요로 하지 않는다.
- 특히, 걷기와 달리기는 하반신에서 신체의 중심부로 그 영향이 미치게 되므로 심장에 가장 많은 효과를 주면서 혈액순환을 촉진시킨다.

2) 걷기 운동

① 걷기 전 반드시 준비운동부터 실시

- 스트레칭 체조로 준비운동을 실시한 후 걷는다.
- 준비 운동을 가볍게 생각해서는 안 된다.
- 걷기 운동을 위한 신발 선택도 중요하다. 착용감이 좋고, 약 10㎝ 정도의 여유가 있는 것이 좋으며, 뒤꿈치의 충격을 흡수할 수 있는 것을 선택한다.

② 운동 전 / 후 목표 심박수 확인이 필요

- 자신의 운동 강도를 조절하기 위하여 운동 전, 운동 중간, 그리고 운동이 끝난 직후 맥박수를 측정하는 것이 중요하다.
- 걷기 전에 계산해 둔 목표심박수를 유지하며 걸을 수 있도록, 처음에는 수시로 체크하여 어느 정도의 페이스로 걸으면 목표심박수를 유지할 수 있는지를 알아 둘 필요가 있다
- 목표 심박수 구하기
  - [(최대 심박수 - 안정 시 심박수) × 40 ~ 70%] + 안정 시 심박수
  - 최대 심박수 = 220 - 연령
- 걷기 운동은 고령자나 비만, 심장질환 등으로 운동하는 것이 부담스러운 사람들이 생활속에서 쉽고 안전하게 할 수 있는 종목으로, 허리, 무릎, 발, 관절에 무리가 가지 않는다.

③ 운동 강도

- 처음에는 천천히
- 자신의 체력수준에 알맞도록 조절하는 것이 효과적이다.
- 호흡과 순환기계의 준비 운동을 겸하는 의미에서 자신의 페이스에 맞춰 운동 강도를 조절하는 것이 중요하다.
- 일반적인 운동 강도는 자신의 최고심박수의 70~80% 정도이다.
- 처음에는 1분에 60~70보로 15분~30분가량 걷는 것이 좋다.
- 주 4회 정도로 하는 것이 바람직하며,
- 걷기 운동을 시작할 때에는 1주일 단위로 목표를 설정하여 걷는 거리와 속도를 단계적으로 늘려가도록 한다.
- 체중을 줄이기 위해서는 1시간에 4km 이상 걷는 것이 좋으며, 체중감량을 위해서는 하루 평균 250~300 칼로리를 소모해야 한다.

④ 자세

- 허리를 바로 세우고 배를 내밀지 않은 상태에서
- 팔에 무리한 힘을 주지 말고
- 자연스럽게 움직이는 것으로서 반듯이 걷는 것
- 보폭을 넓혀서 : 목표 보폭〈신장(cm) – 100〉
  - 평보(1시간에 4km, 보폭은 60~70cm)
  - 속보(1시간에 6km, 보폭은 80~90cm)
- 평보는 일반인들이 걷는 속도며, 속보는 체력증진과 심폐기능 향상에 도움이 된다.

(평보)

(속보)

⑤ 걷는 포인트 : 뒤꿈치부터 착지

- 뒤꿈치부터 착지하고 발바닥 전체로 몸을 지탱하도록 하며
- 맨 나중에 발끝이 떨어지도록 하면 발 앞쪽으로 중심을 옮겨 가도록 걷는다.
- 발바닥 전체로 내딛게 되면 쉽게 피로가 오고 발에 통증을 느끼기 쉽다.

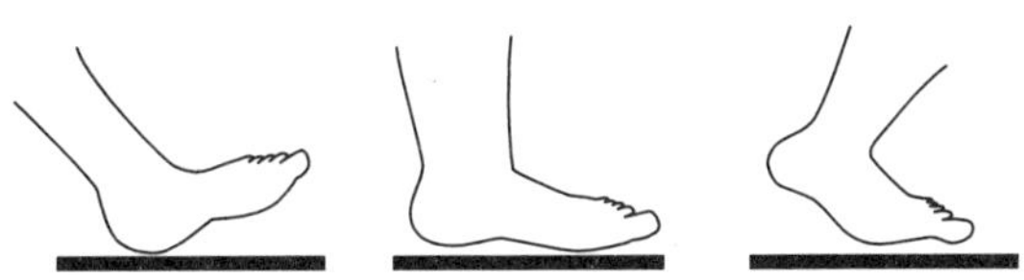

⑥ 팔의 포인트

- 팔은 평상시 걸을 때와 같이 자연스럽고 리드미컬하게
- 팔은 어깨 힘을 빼고서 흔들며
- 빠르게 걸을 때는 팔꿈치를 90° 전후로 구부린다.
- 머리는 숙이지 않고 세워 앞을 주시한다.

⑦ 일직선상으로 걸을 것

- 일직선상으로 걷기 위해서는 허리를 돌려서 걸어야 하며
- 허리를 돌려서 걸으면 보폭이 넓어지고
- 사용되는 근육의 양도 증가됨
- 특히, 여성에게 추천

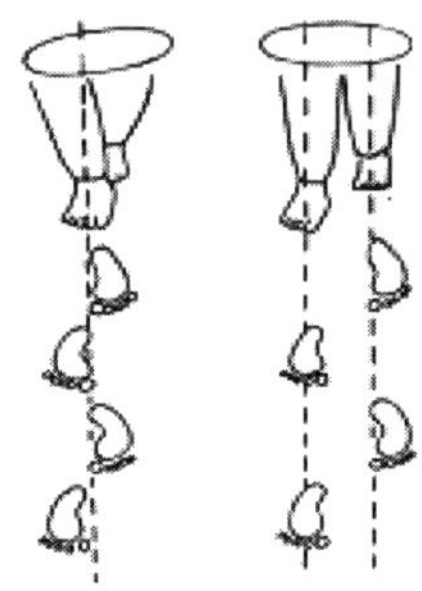

(추천) (일반)

⑧ 걷기 운동의 권장 배경

- 인간의 가장 기본적인 활동 중의 하나이며 건강 증진에 좋은 운동이다.
- 상해를 입을 가능성이 매우 적은 안전한 운동이다.
- 체력수준이 낮거나 운동부족의 고령자에게는 매우 적합한 운동이다.

⑨ 유의사항

- 발의 부상 : 편안한 신발을 선택하고 사이즈가 맞지 않거나 너무 무거운 신발을 착용하면 염좌와 아킬레스건 단열의 원인이 되며, 넘어지는 것에 의한 골절의 위험도 높아지게 되므로, 신발을 선택할 때는 꼭 신어보고 크기와 무게를 확인하는 것이 바람직하다. 가볍고 편한 신발이 필요하며 신발의 두께는 1.25~2cm 정도 되어야 관절에 충격을 줄일 수 있다.
- 무리한 걷기 : 걷기에서 일어나는 부상은 과도한 걷기에서 비롯되므로 한꺼번에 너무 많이 걷지 않도록 한다.
- 순환기의 상해 : 추운 날씨에는 얇은 옷 여러 벌을 입는 것이 보온에 효과적이며 장갑·두꺼운 양말·털모자 등을 착용하여 온도차로 인해 혈관이 수축하여 혈압이 급격하게 상승할 위험을 방지할 수 있다.

3) 최근, 고령자들이 선호하고 있는 스포츠 액티비티 프로그램

고령자를 위한 새로운 스포츠 액티비티 프로그램의 개발도 중요하지만, 우선적으로 고령자가 선호하는 수영, 댄스, 골프, 낚시, 조깅, 헬스 등 현장우선형의 종목의 보급이 절실히 요망된다. 장기적인 시점에서 새로운 종목(가칭 : 고령자 뉴 스포츠)의 개발 및 프로그램 제공과 더불어 고령자들이 현장에서 선호하는 종목의 보급이 우선적으로 선행되어야 한다는 것이다. 현재, 한국의 고령자스포츠의 대표적인 종목은 게이트 볼이다. 단, 일본의 사례와 같이 게이트 볼 종목의 구조적 특성상 점차적으로 동호인 수가 증가되지 않을 것으로 예상된다.

고령자들이 다양한 종목이나 프로그램을 접할 수 있도록 시설, 지도자, 프로그램, 예산, 제도적 정비를 갖추어야 할 것이다. 더불어, 기존의 스포츠 종목을 고령자의 특성에

〈표 6-3〉 고령자들이 선호하는 고령자 스포츠 액티비티 프로그램

종 목	내 용
수영	수영은 신진대사를 활성화 시켜주며 근육자체의 생체에너지 대사는 물론 관절 내 연골조직의 유연성에 심폐지구력까지 기할 수 있는 운동으로 전문수영강사가 개인별 맞춤 교육을 실시한다.
아쿠아로빅	수중운동의 한 방법으로 심폐지구력을 강화시켜주는 일명 수중에서의 에어로빅운동이다.
헬스	다양한 운동기구를 통한 신체의 강인함을 키울 수 있다.
고전무용	고전무용은 처음에 보기에는 정적인 동작이라는 느낌을 주어서 지루하다고 생각할 수 있으나 배울수록 손과 발동작이 다양하게 이루어진 춤사위를 접하면서 섬세하고 화려한 몸놀림에 매료된다.
스포츠댄스	리듬(음악)에 맞추어 신체활동을 통한 동작으로 자세와 미적인 표현을 극대화 시킨 예술성이 풍부한 실내 스포츠인 동시에 생활체육의 한 분야이다.
재즈댄스	재즈댄스는 일정한 형식과 스타일이 존재한 것이 아니라 팔 다리의 라인과 호흡 등 몸 전체의 움직임, 그리고 무엇보다도 자신의 감정, 느낌이 중요시되는 춤이다.
명상요가	긴장된 몸을 유연하게 풀어주는 과정에서 심신의 휴식과 안정을 유도하고 마음의 고요를 체험하게 된다.
탁구교실	실내 스포츠로서 가정이나 직장에서나 좁은 장소에서 간단한 용구를 사용하여 남녀노소 누구나 즐길 수 있는 레저스포츠인 동시에 높은 수준의 기능과 체력을 요구하는 스포츠이다.
당구교실	당구대(billiard table) 위에서 적·백색 공을 큐(cue stick)로 쳐서 각자의 점수를 겨루는 레저 스포츠로서 요즘에는 남녀노소를 불문하고 인기가 높은 편이다

맞추어 규칙을 변경하거나 수정하는 작업도 이루어져야 할 것이다. 경기 위주의 승리를 강조한 기존의 스포츠종목을 다 같이 즐거움을 공유할 수 있도록 재 개발하는 작업이다. 이상적인 스포츠 재 개발사례는 고령자들이 주체적으로 규칙을 변경하고, 그 과정에서 고령자가 안전하게 즐거움을 느끼는 것이다. 표 6-3은 최근 고령자에게 주목받고 있는 스포츠 액티비티 종목이다.

4) 웨이트 트레이닝 프로그램(주 3회, 45분 운동, 헬스장)

최근, '몸짱 신드롬'이 고령자들 사이에 새로운 문화코드로 떠오르면서 건강한 신체를 만들기 위해 공공 스포츠센터, 보건소, 복지회관의 헬스장을 찾는 고령자가 크게 증가하고 있다. 문제는 고령자의 특성을 이해하고 이를 토대로 고령자 각자에게 적합한 체력증진 프로그램을 제공하지 못하고 있다는 점이다. 현장에서 사회체육 지도자나 퍼스널 트레이너들이 시행착오를 거치면서 전문성을 키워나가는 실정이지만, 고령자에 관한 지식과 경험 없이 실기능력만을 갖추고 있어 고령자체육 프로그램 업무를 담당하는 데 미흡한 실정이다. 지도자들이 고령자에게 적합한 체력증진 프로그램 구성에 곤란을 겪고 있는 여건에서, 가장 보편적으로 사용할 수 있는 고령자 웨이트 트레이닝 프로그램을 제시한다.

준비운동에서는 10~20회 누워서 복식 호흡을 실시한다. 손목, 발목, 목 관절, 어깨 관절을 가볍게 풀어주면서, 제자리 걸음, 스트레칭 체조 등으로 체온을 충분하게 올린다. 본 운동에서는 처음에는 가볍게 할 수 있는 만큼만 실시한다. 점차 익숙해지면 조금씩

〈표 6-4〉 고령자 웨이트 트레이닝 프로그램

1 회 차	2 회 차	3 회 차
▶ 준비운동 10분	▶ 준비운동 10분	▶ 준비운동 10분
• 관절운동 • 혈액순환체조 • 스트레칭	• 관절운동 • 혈액순환체조 • 스트레칭	• 관절운동 • 혈액순환체조 • 스트레칭
▶ 본운동 25분	▶ 본운동 25분	▶ 본운동 25분
• 심폐지구력운동 - 걷기(제자리 걷기 응용동작) - 팔, 다리 젓기 동작 및 응용 - 가벼운 유산소 운동 • 근력강화운동 - 상, 하체 근력강화 운동 (부분 근력 보강 운동) - 덤벨	• 유연성 강화운동 - 정적, 동적 스트레칭 • 복근운동 - 윗몸일으키기 • 상, 하체 근지구력강화 운동 - 팔굽혀 펴기 - 스쿼트 - 런지 - 카프레이즈	• 유연성 강화운동 - 정적, 동적 스트레칭 - 짝 스트레칭 • 기구운동 - 수건운동 • 장운동 - 장마사지 • 신체부분별 마사지 - 스포츠마사지
▶ 정리운동 10분	▶ 정리운동 10분	▶ 정리운동 10분
• 관절운동 • 스트레칭 • 치매예방운동	• 관절운동 • 스트레칭 • 치매예방운동	• 관절운동 • 스트레칭 • 치매예방운동

(본 프로그램은 김해시 동부스포츠센터 건강증진실에서 실시하고 있는 고령자만을 위한 체력증진 프로그램이다)

횟수를 늘려 나간다. 특히, 초보자일수록 정확한 자세를 익히기 위해서라도 가벼운 운동부터 시작해야 한다. 프로그램에 적응되어지면 서서히 횟수와 강도를 늘려나가도록 한다. 웨이트 트레이닝은 큰 무리없이 10회를 할 수 있도록 조정하며, 불가능한 경우에는 무게를 낮추거나, 2~3회 정도 횟수를 낮추어 실시하는 것이 좋다. 천천히 호흡을 하면서 들어 올리고 내린다. 절대로 무리해서는 안 된다.

정리운동에서는 관절운동, 스트레칭, 제자리 걷기, 치매방지 운동 등을 실시하게 되면 피로를 막을 수 있다. 정기적으로 체중, 혈압, 체지방률 등을 측정해두면 운동효과를 보다 확실하게 알 수 있다.

단, 제한적으로 이용해야 하는 동작에 유의하지 않으면 운동 상해를 입기 쉽다. 유의해야 할 동작은 다음과 같다.

① 관절을 반복적으로 사용하는 동작
② 관절이나 뼈에 충격을 줄 수 있는 뛰는 동작
③ 관절을 과다하게 신전시키는 동작
④ 갑작스럽게 자세를 바꾸는 동작
⑤ 한쪽 발로 균형을 유지하는 동작
⑥ 360° 회전하는 동작

5) 놀이형 뉴 스포츠 액티비티

종 목	내 용
프리 테니스	• 테니스에 비해서 라켓이 짧고 코트가 작기 때문에 연령 · 성별에 관계없이 누구나 참가 할 수 있다. • 테니스의 10분의 1정도의 코트에서 할 수 있다. • 테니스라켓에 비해 라켓이 매우 짧으며, 탁구라켓 크기와 유사 • 좁은 공간에서 손쉽고 다이나믹한 동작을 가진 종목 • 자유롭게 즐기라는 의미에서 프리테니스로 명명 • 협회가 조직되어 있으며, 대회도 주기적으로 개최되고 있다. • 최근, 고령자나 여성에게 인기 있는 종목으로 확대되고 있는 종목
핸들러	• 탁구(ping-pong)와 배드민턴(badminton)을 접목시켜 개발된 스포츠로서 '패드민턴'이라고도 불림 • 배드민턴 라켓 길이가 짧기 때문에 고령자가 셔틀콕을 맞추기가 매우 쉽다. • 라켓 길이가 짧고, 딱딱한 판으로 치기 때문에 셔틀콕이 멀리 날아가지 않는다. • 좁은 공간에서 쉽게 운동할 수 있고 빠른 경기진행이 짧은 시간에 많은 운동효과를 거둘 수 있게 한다. • 단식, 복식 등 게임이 가능하다. • 양손으로 즐길 수 있기 때문에 균형감각 향상에 효과적이다.
태극유력구	• 중국에서 신종 대중 스포츠로 급부상하고 있는 게임이다. • 태극권의 원리에 테니스, 배드민턴 등 현대 구기 기술을 결합해 만든 신종 건강증진 운동이다. • 공을 칠때면 곡선을 그리며, 동작이 가볍고 부드러운 것이 태극권 같고, 리시브할 때 부드러움으로 강함을 이기며, 외부의 힘을 빌려 힘을 내는 태극운동 원리에 부합된다.

→

→

종 목	내 용
태극유력구	• 용구가 저렴하고 쉽게 파손되지 않음 • 초보자들도 2~3일이면 초보단계를 익힐 수 있을 정도로 고령자들이 접하기 쉽다. • 전신을 이용하는 유산소운동으로 동작이 가볍고 자연스러우며, 부드럽고 느리며, 오락성이 강해 쉽게 피로를 느끼지 못해 장시간 운동을 해도 숨이 차지 않음 • 양손을 모두 사용 하기 때문에 균형 있는 신체조성에 도움이 된다. • 중국에서는 전국 체육대회 정식종목으로 채택되었으며, 국제대회도 개최되었다. • 고령자들의 건강증진을 위해 개발한 스포츠였으나 지금은 젊은이들도 즐기는 대중 스포츠로 확대되고 있다.

5. 제 언

고령자 스포츠 액티비티의 주된 역할은 고령자에게 여가 스포츠의 기회를 증가시켜 건강 수명을 연장하는 것이다. 즉, [인간의 권리로서 스포츠에 참여할 수 있는 기회를 균등하게 보장하는] 체육/스포츠 정책의 기본이념을 실현하는 것이다. 하지만, 증가하는 여가시간에 대응하는 스포츠 액티비티의 필요성에 비하여 고령자의 여가 프로그램은 TV 시청, 걷기, 등산 종목에만 의존하고 있을 정도로 매우 낙후되어 있다. 현실적으로 고령자들이 즐기는 스포츠는 대부분이 청소년을 대상으로 하는 일부 프로그램을 산발적으로 개발 · 운영하고 있을 뿐이다. 즉, 일반 국민을 대상으로 개발된 생활체육 및 국민체력향상 프로그램을 중심으로 고령자들이 응용하고 있는 수준에 있다.

실질적으로 고령자들이 손쉽고 안전하게 자발적인 참여를 유도할 수 있는 특성화된 스포츠 액티비티 프로그램은 양적·질적 수준에서 매우 미흡할 뿐만 아니라, 기존에 개발된 뉴 프로그램조차 효율적으로 운영·관리 보급되지 못하고 있는 실정이다. 이로 인하여 고령자의 다양한 특성(학력, 소득, 경험, 건강)을 고려한 스포츠 활동기회가 제공되지 못하는 상황에 있으며 전반적으로 지금 현시대의 고령자에게 적합한 스포츠 액티비티 프로그램은 절대적으로 부족한 실정이다.

본장에서 설명한 내용은 고령자 스포츠 액티비티의 이론적 서설에 불과하다. 지면상 새로운 여가 스포츠 종목에 대한 구체적인 소개는 하지 못했다. 최근, 주목받고 있는 놀이형 뉴 스포츠에 대한 규칙이나 진행방법, 효과, 장비에 대한 정보는 홈페이지를 통해서 충분히 얻을 수 있을 것이다.

향후, 건강 수명을 연장하면서 성공적인 노후생활을 위해서는 고령자 스포츠 액티비티의 활성화가 가장 필수적인 요소가 될 것이며, 아울러 건전한 여가 생활과 치료 및 재활 활동에도 많은 기여를 할 것이다. 고령자 스포츠 액티비티의 필요성이 점점 가중되는 상황속에서 가장 먼저 해야 할 일은 고령자가 자발적으로 스포츠 액티비티에 참여할 수 있도록 동기 유발을 이끌어 내는 작업이 필요하며, 그에 다른 제반 조건(시설, 제도, 지도자, 프로그램, 예산)을 정비하는 적절한 대책을 마련하는 것이 중요할 것이다.

참고문헌

고영완.(2008). 체력평가와 운동처방, 홍경.

권봉안·장현호.(2008). 노인체육복지학개론, 홍경.

남상남.(2006). 걷기운동 30분, 넥서스BOOKS.

류태호.(2006). 뉴스포츠의 이해와 실천, 무지개사.

문화체육관광부. www.mcst.go.kr

박철홍.(2004). 노인 종합복지관 참여 노인의 사회체육활동실태 및 운영자의 인식에 관한 연구, 연세대학교 대학원.

성수용.(2005). 노인 체육생활화를 위한 체육정책의 발전방안 연구, 연세대학교 대학원.

심창섭.(2008). 레저 웰빙시대의 생활체육, 홍경.

이제승.(2005). 노인 여가복지 시설에서의 생활체육현황 분석을 통한 정책. 지향적 연구, 동국대학교 대학원.

정수경.(2003). 일부도시 노인들의 생활체육활동과 시설만족도에 관한 연구, 경희대학교 교육대학원.

정수호.(2003). 노인의 체육활동 실태분석 및 활성화 방안, 체육과학연구원.

한국여가레크레이션협회.(2006). 대상별 레크레이션.

한국뉴스포츠협회. www.newsports.or.kr.

C. Jesis Jones, Debra & J. Rose.(2006). 노인체육 : Physical activity instruction of older adults, 장경태 역, 대한미디어.

찾아보기

(E)

(R)

노인 액티비티 프로그램의 이론과 실제 값 20,000원

2010년 4월 10일 1판1쇄 인쇄
2011년 8월 1일 1판2쇄 발행

저 자 : 인제대학교 고령자라이프리디자인연구소
발 행 인 : 주 영 일
발 행 처 : 계 축 문 화 사

서울특별시 종로구 행촌동 209-41
우편번호 110-091
TEL : 735-2257·738-9746
FAX : 723-9025
1973. 10. 31 등록번호 제300-1973-8호
ISBN 978-89-5629-204-5 93510